服务型政府
回应力研究

原丁／著

中央编译出版社
Central Compilation & Translation Press

目　录

序

　　党的十七大报告第一次把服务型政府写进了报告，原来政府更多是靠管制手段、强制手段，讲的是干预经济活动。而十七大报告中提出加快行政管理体制改革，建设服务型政府。**而如何建设职能科学、结构优化、廉洁高效、人民满意的服务型政府？**党的十八大报告做出进一步的回答，报告中提出要按照建立中国特色社会主义行政体制目标，深入推进政企分开、政资分开、政事分开、政社分开，建设职能科学、结构优化、廉洁高效、人民满意的服务型政府。

　　现代政府的实质是以民为本的服务型政府，政府只有通过提供充足优质的公共服务，才能证明自己存在的价值与合法性。政府回应是现代行政管理理论与实践中的重要问题。政府回应力是现代公共行政的重要特征，表现为政府对社会和民众的公共需求能及时有效地回应，具有出色的公共需求导向的公共服务能力。提高政府回应的能力，是当前各国行政改革的价值取向之一。

经过 30 余年的改革开放，国家经济社会生活由单一化走向多元化、多样化，社会消费结构也发生了重大变化，民众对公共产品和公共服务提出了更高的要求。面对社会和民众日益增多的公共需求和提出的诸多问题，政府需要做出及时有效的反应和令民众满意的答复。民众和社会的诉求得不到及时有效的回应而积聚不满和矛盾，将会严重影响和谐社会的发展。

改革的实践证明，政府职能的改革与经济体制的变革是密不可分的，伴随着社会经济成分日渐多样化以及人们的经济利益、社会生活方式与需求的多样化，传统的政府回应制度已经无法满足这种经济社会发展的客观需要，各种社会矛盾也急需一个高效、准确的政府回应来缓解，这不仅是社会群众对于政府行政管理的要求，同时也是建设服务型政府的内在要求。我国处在改革攻关和社会转型期，在信息化和全球化的双重压力下，政府为顺应时代发展、满足社会进步，建立并且完善政府回应也就成为了进一步深化经济、政治体制改革的必然结果。

现阶段基层政府回应力的建设取得了一些成果，如回应环境的改善、回应制度的创新、回应载体的发展，然而，现阶段的经济社会生活环境又有了持续且深刻的变迁，正因如此，增强政府回应力，建设一个符合国情又具有较强政府回应力的基层政府，是我国政府行政管理体制改革与发展和建设服务型政府的一个亟待解决的重要命题。

从总体上看，当前国内有关政府回应力特别是基层政府回应力的论著较少，很高兴看到原丁老师在《服务型政府建设中的回应力研究》一书中，紧密围绕当前这一现实问题，本书对

序

我国政府回应进行了较为系统的研究,对我国政府回应发展历史及现状进行了较为系统的梳理和分析,并以城区实践为案例,分析其在建设服务型政府过程中加强地方政府回应实践取得的成绩和值得借鉴之处。同时借鉴国外有益经验,提出了进一步完善和发展的理论安排和制度设计,研究我国地方政府在转型时期,如何提升回应能力,实现有效服务的对策。这项研究在理论方面的评述恰当而有深度,同时对地方政府的实践也具有很强的实践指导价值。另外,作者能够实地调研获得一手资料和原始数据也着实不易,期望本书的出版将会引起更多有识之士对服务型政府回应力的关注,努力推进中国政府回应力的建设。

严新明

2013年3月于南京大学

第一章 导 论

1989 年斯托克首次将"调节论"应用于英国地方政府的研究。斯托克总结出地方政府在英国 20 世纪当中所扮演的三种角色，并认为每一种角色都与资本发展的特定阶段有关：(1) 在 20 世纪上半叶，地方政府主要是提供和管理基础设施，为工业生产提供必要的条件；(2) 在战后进入福特主义时期，地方政府的角色发生了变化，更多地履行诸如供气、供电和供水、住房和教育等社会福利的职能，地方政府日益成为福利国家的工具；(3)1970 年代，开始从福特主义转型进入后福特主义时期，地方政府角色也随之转换，主要表现在地方政府服务的签外包、在民选的地方议会控制之外设立地方准政府公共机构、私人部门对地方政府影响增大等；同样，公共服务提供方式的变化，如出现了更分散的公共服务消费方式、以消费者为本的服务理念增强等，也改变着地方政府的传统角色。此外，地方政府管理方式也出现了变化，使用了更灵活的劳动管理方法，弱化了等级结构，并引进了新公共管理技术等。

在市场化和经济全球化的时代背景下，伴随着我国社会主义市场经济的日渐成熟，我国公共行政从原先的统治行政、管制行政逐步向服务行政过渡，政府作为社会公共权力的行使者，也正从高高在上的统治者、管理者的身份向真正的服务员、社会公仆这一角色转变。服务型政府已经成为整个社会发展诉求和行政发展规律指导下的必然产物。

在 1997 年，十五大报告就明确规定要实行"民主政治"、"依法治国"，要求健全民主制度，将重大决策同立法结合起来，要求建立以民意、民智、民情为基础的决策体制，从而开启了中国政府决策体制改革、公众参与和政府决策回应机制的大门。此后的十六大更是把政府决策体制的改革与完善提到行政改革的重心。

2005 年 6 月 21 日，国务院常务会议批准上海浦东新区进行综合配套改革试点，拉开我国综合配套改革的序幕。浦东综合配套改革方案涉及十个方面的内容，首当其冲的是推动政府转型，建立公共服务型的政府管理体制。这几个试点城市的改革思路大都提出以创建服务型政府为目标。建设服务型政府，以转变政府职能为核心，简化办事程序，提高办事效率，提供优质服务，实现管理型政府向服务型政府的转变。

2007 年 10 月 1 日，胡锦涛主席在十七大明确提出要扩大社会主义民主，更好地保障人民权益和社会公平正义，公民政治参与有序扩大。报告还从诸多方面提出系列新举，以健全民主制度、丰富民主形式、拓展民主渠道，使人民的知情权、参与权、表达权和监督权得以更充分的保障。这充分说明了政府已经意识到加强政府回应机制建设的重要性和紧迫性。政府回应力是现代公共行政的重要特征，表现为政府对社会和民众的公共需求及时有效地回应。我国三十余年的改革开放，使经济社会发生了翻天覆地的巨变，经济社会生活由单一化走向多元化、多样化，社会消费结构也发生了重大变化，激起了民众不断追求丰富的生活内容、\高质量的生活水平、良好的生活环境，对公共产品和公共服务的需求也提出了更高的要求。这些都使政府在公共决策的制定上必须更多地考虑公众的利益和愿望，并关注公众环境的要求和自身行为的后果。面对社会和民众日益增多的公共需求和提出的诸多问题，政府必须做出及时有效的反应和令民众满意的答复，从而能够实现民众的诉求。然而，现阶段的经济社会生活环境的持续又深刻的变迁，使政府回应力表现出回应的迟缓、武断、不当、失衡、低效等问题，难以及时有效地回应社会和民众的公共需求及其他公共诉求，由此导致影响政府权威和社会稳定的问题。研究增强服务型政府回应力是推进政府改革的重要内容。因而，增强政府回应力，建设一个符合国情又具有较强政府回应力的服务型政府是推进政府改革的重要内容。

一、选题背景

20 世纪 80 年代以来，西方各国掀起了新一轮公共行政改革浪潮，提高政府公共服务的质量和水平成为各国政府行政改革的重要价值取向，创建快捷、有效的新型公共服务体系，成为各国政府不懈追求的目标。西方政治学家和管理学家在市场资源配置过程中看到了政府和市场的不足，提出了"治理"理念，而有效的"治理"，即追求公共利益最大化的政治管理过程便是"善治"。[01] 合法性、透明性（公开性）、责任性、法治化、政府回应性和有效性是构成"善治"的基本要素。善治的本质特征，就在于它是政府与公民对公共生活的合作管理，是政治国家与市民社会的一种新型关系，是两者的最佳状态。随着善治理念在全球范围的传播和影响的不断深入，各国政府都在积极尝试建立一种政府治理模式来提高政府效能，服务型政府就是在这种背景下提出来的。服务型政府是一种以民为本、以公众需求为导向的政府治理模式。回应性是服务型政府的基本内涵之一，如果没有一套完备的政府回应机制，政府行为就有可能偏离为人民服务的轨道，而走上为己服务的道路，引发权力腐败。建设服务型政府就必然要求政府提升自己的回应能力。

在 2007 年召开的十七大上，胡锦涛同志在党的报告中明确提出"要加快行政管理体制改革，建设服务型政府"。十七大报告第一次把服务型政府写到了报告里，为当前和今后一个时期继续推进政府管理体制改革确定了基本方向和目标。无论从服务型政府的理论探索来看，还是从我国服务型政府建设的实践来看，现在各级地方政府都已经意识到这一点，从中央到地方在此认识基础上都提出行之有效的对策，进行了有益的探索。十八大报告提出到 2020 年，实现国内生产总值和城乡居民人均

01　王巍．公众回应性：服务行政的核心特征——服务型政府回应机制的流程与制度设计 [J]．行政论坛，2004(9)：33—35.

收入比 2010 年翻一番。这是首次明确提出居民收入倍增的目标。在中国社会的重要转型期要实现这一目标，政府就要进一步转变职能、提升自身服务和管理的能力，政府也必须公开透明，加强公信力建设，推动政府职能向创造良好发展环境、提供优质公共服务转变。因此，服务型政府回应问题越来越多地受到人们的关注。

当前，我国正处于改革的攻坚阶段，政治民主化进程也在不断地深入推进，随着改革开放的脚步不断加快、社会主义市场经济体制的逐步建立，我国社会经济发展迅猛，人民的生活发生了天翻地覆的变化。伴随着社会经济成分日渐多样化以及人们的经济利益、社会生活方式与要求的多样化，各种社会矛盾也日益凸显。民主行政作为现代民主政治的一种基本价值理念，它要求政府必须对民众的基本要求作出回应并积极采取行动加以满足。但是，由于长期以来的集权制度下所形成的管制型理政方式对人民群众的影响极大，不仅抑制了公众参与的热情，同时极大地削弱了政府的回应能力。虽然自 20 世纪 80 年代开始，我国各级政府为增强对公众的服务，纷纷出台了具有回应性质的制度形式，如政务公开、听证制度等，取得了一些成效，但是由于历史原因和社会转型的不彻底性，我国政府对公民的回应仍处于"有限回应"阶段。与此同时，科技的进步、经济的多元化以及政治的民主化发展也使得公众的自主性不断提高，参与公共事务的热情也空前高涨，人们比以往更加重视对于自己权利的维护和权力的行使，这些都使政府在公共决策的制定上必须更多地考虑公众的利益和愿望，并关注公众环境的要求和自身行为的后果。

　　事实上，政府回应力是现代服务型政府的重要特征，表现为政府对社会和民众的公共需求能及时有效地回应，具有出色的公共需求导向的公共服务能力。加强政府回应机制建设不仅是人们对政府的要求，同时也是建设服务型政府的迫切要求。随着民主的发展趋势，社会关系的日益多元化，社会公共领域的不断分化和扩大，信息技术的快速发展促进了政府与公众之间的互动影响，为此，政府回应性问题受到极大地关注，增强政府回应力就显得尤为必要。其关注的焦点是政府有效的社会回应，人民群众对公共产品的价值偏好，重视人民群众所反映的诸多问题，并且有针对性加以负责地解决。其职责的履行就需要具备对公共需求和公众问题诉求具备灵敏的感应能力和针对问题加以高效处理的解决能力。即服务型政府应当具备良好的相对于公众、市场、社会要求和问题诉求的回应性，建设和拥有一个科学有效的政府回应机制，以满足现代政府的治理需求。

二、国内外研究现状

　　在民主化的发展过程中，民众参与和影响政府决策、要求政府回应其愿望，变成了一种普遍的现象。长期以来理论界对政府回应问题没有给予足够的关注也造成了这方面研究的滞后。事实上，关于政府回应的研究，在80年代初期曾沉寂一段时间，及至80年代后期，随着各先进国家的行政变革，运用公共选择理论，强调政府服务功能及效率的提升，政府回应的研究始渐恢复，其研究焦点已转变成为测量各级政府（尤其是地方政府）如何对民众提供"满意的服务"。

1．国外相关研究

对政府回应理论的研究，西方国家学者早期并没有把它作为一个独立的问题来研究，而是纳入民主理论的体系中。总的来说在有关政府回应的相关文献中，早期的许多文献较多的是对政府的回应性和责任性问题进行讨论。后期的学者则更加的关注政府回应的实质体现和组成。卡米拉·史蒂瓦 (Cajniliastiverc) 在主编的《民主、官僚和行政研究》中用四分之一的篇幅来研究政府的回应能力、回应性。Arthur A. Mass 和 Laurence. I. Radway 在其《测量行政的回应能力》一文中，对回应能力的方法、历史以及回应什么做了全面论述，强调行政对最大多数民众、压力集团、立法机关、行政首长、各种政党、专家、法院的回应。FrancisE. Rourke 在其《美国官僚系统的回应性和中立能力》一文中，对美国政府体系的回应性和政府的中立立场给予了充分的分析，并认为美国的公众在政府政策制定的过程中起着决定性的作用。直到新公共管理理论时期，政府回应理论开始关注政府回应的实质体现和组成。如美国学者格罗弗·斯塔林在其《公共部门管理》中提到，公共管理责任的基本理念之一就是回应。他认为回应是指一个组织对公众提出的政策变化这一要求作出迅速反应，他认为，某些时候，回应可以是政府首先主动提出解决问题的方案，甚至是首先确定问题的性质。[01]

斯塔林认为，回应应当在回应程度、产品、价格、促销、分销方面建立以顾客为中心的政府。此外，在政府回应的实践性研究方面，Pia Marconi 在其《意大利公共行政改革与面向公众的政府回应性》一书中专门研究了意大利为提高政府回应性所进行的政策制定、行政程序改革、公共服务的改进，以此追求政府的善治。纽约大学的 Sebastian M.Saiegh 在其《政府失败：结合体、回应性和立法行为》一文中也对政府回应在政府失败中的表现作了简单的论述。认为政府失败原因之一在于回应性的缺乏和回应机制的不完善。韩国学者 Park，Hee-Bong 专门对韩国的政府回应作了研究，其博士论文《韩国地方自治过程中的市民参与、满意度和政府回应》将韩国的政府回应与其他政治因素进行了比较，经过调查研究，他认为市民在政府决策过程中的参与提高了政府的合法性和人们对决策的理解。另一位韩国学者 Che JunHo 也对政府回应进行了探讨，它主要侧重于研究韩国地方政府提高行政回应性的问题，他提出了公民参与是提高行政回应性的重要因素，提高行政回应性的关键在于政府官员的专业服务素质。

2. 国内相关研究

与西方学者相比，我国学者对政府回应的研究整体起步较晚。2000 年 7 月，国家行政院校联合会 2000 年年会在北京召开，这次年会即以"政府回应"为主题之一。自此，政府回应才成

01　方福前. 公共选择理论 [M]. 北京：中国人民大学出版社 2001：131.

第一章 导 论

为中国行政管理学界研究的热点。[01] 近年来，我国学者对政府回应这一问题做了相应研究，取得了一定成绩。通过检索发现，较早从理论上研究、论述政府回应性的国内学者主要是俞可平。他在 2000 年分别出版的《权利政治与公益政治》和《治理与善治》两本书中，阐述了作为善治内涵的政府回应性特点，但并没有对政府回应性问题作进一步的论述。从 2000 年起，国内的一些学术期刊上陆续发表了有关政府回应性的文章，如学者张成福 (2000) 在其《责任政府论》一文中论述责任政府的同时，间接谈到了政府回应问题。他认为政府回应是政府的社会责任、政治责任、行政责任和法律责任的综合反映。当一个政府回应并满足了公众的要求时，政府便是有责任的；何祖坤在《中国行政管理》2000 年第 7 期发表了《关注政府回应》一文，提出现阶段加强我国政府回应能力建设有着重要的实践意义，他认为加快推进政府上网工程，同时加强政府回应的制度建设，是现阶段我国政府回应能力建设的关键。余敏江、杨小军在《湘潭大学学报》2000 年第 9 期上发表了《中介组织发展及政府回应性》一文，对政府如何回应中介组织的有关问题进行了分析论述；陈水秘在《地方政府管理》2000 年第 11 期上发表《政府回应的理论分析与启迪》，对政府回应的理论、实践发展作了简要总结，提出了增强我国政府回应性的一些对策建议；黄小勇在《中国行政管理》2000 年第 12 期发表《行政的正义——兼对"回应性"概念的阐释》探讨了政府回应的内涵，指出增强政府

---

01 谷歌．政府回应会议 [EB/OL]. http : //www-old. nsa. gov. cn/gjjl/sxhy_ias_2000. htm.

回应性是行政正义由形式正义向实质正义回归的必然要求，并结合我国国情，对我国政府回应能力建设提出了若干政策建议。此后，郑文静的《论政府回应的公共环境》（《理论探索》2001年第 2 期），李伟权、曹琨的《简论我国政府公共决策回应机制的实践与探索》（《江西行政学院学报》2003 年第 5 卷第 3 期），陈海、刘英茹的《突出回应性：新公共管理视野下的政府公关》（《经济师》2003 年第 6 期），都从一定的角度对政府回应进行了探讨。谭亦玲 (2004) 结合我国的实际情况，从官僚机构的弊端、市民社会的不完善、政治参与的困境三方面分析了中国政府回应面临的严重挑战，但并未指出应对挑战的具体对策。王枫云 (2004) 在其《提升我国地方政府回应能力的途径研究》一文中指出，知识经济的冲击使中国地方政府的回应能力大幅下降，中国地方政府面临着严重的信任危机和权威危机，地方政府回应能力的提升要通过行政理念、行政组织结构、政府运作方式的创新来实现。

王成兰、刘富春 (2005) 根据构建社会主义和谐社会对政府治理模式的要求，提出了"回应性政府"的概念，对回应性政府的内涵、产生背景、构建途径进行了研究，并指出更新政府治理理念和增强政府回应公众的公共服务能力是构建回应性政府的当务之急。李述章、龙双喜 (2006) 从善治的视野出发，探讨了政府回应与政府形象的关系，指出政府应通过强化其回应能力来改善自身的形象。景云祥《社会主义研究》2007 年 2 期上发表《和谐社会构建中政府回应机制的建设》，提出政府回应机制建构的基本维度。之后，关于政府回应的相关研究显著增多。如卢坤建 2009 年《回应型政府：理论基础、内涵与特征》。
可见，自 2000 年以来，关于政府回应得相关研究的成果显著增
多，很多相关问题得到较深入的探讨。但迄今为止，关于政府
回应研究（对政府回应进行系统性研究）的专著很少，仅查到中
山大学政治与公共事务管理学院博士李伟权于 2005 年 12 月底
付梓的《政府回应论》。不过，其主要是从公共政策制定、实施
过程中公众参与的角度研究政府回应问题。此外，在一些公共
管理学的教材及论著中，对政府回应性问题也有所提及或阐述，
如张贤明的《论政府责任—民主理论的一个视野》（吉林大学出
版社 2000 年版），张成福、党秀云的《公共管理学》（中国人民
大学出版社 2001 年版），顾建光的《现代公共管理学》（上海人
民出版社 2007 年版），中国国家行政学院、国际行政院校联合
汇编的《中国行政改革：政府的责任性、回应性和效率》（国家
行政学院出版社 2004 年版），孙多勇的《公共管理学》（湖南人
民出版社 2005 年版），戚政的《社会回应机制研究》（人民出版
社 2009 年版）等。

　　通过对上述国内外学者所提出的政府回应的各种方案的比
较、分析，我们可以得出这样的结论：探索服务型政府回应的
途径是一个新生课题，有待进一步深入探索。上述中西方学者
基于不同文化传统、社会发展水平和社会制度而提炼出的观点，
都从不同的视野透视了政府与社会、公民这一全新的关系，并
因此而提出了各种提升政府回应能力的不同方案。上述不同的
理论、观点和方案，它们既有一定的共通之处，也有各自不同
的特色；既有许多可取之处，但也在不同程度上存在着各自的

视野局限。实际上，要在理论上创造性地对政府回应机制建设的途径提出独到的见解，需要我们在理性地对已有的各种理论加以反思的基础上，最大限度地发挥比较优势，汲取上述各种理论、观点、方案的精华，提出真正有利于政府回应力建设的完善建议。

第二章　服务型政府的理论依据及内涵

20 世纪 80 年代以来，在西方新公共管理运动和治理理论以及新公共服务理论的推动和指引下，西方各国掀起了一股重新审视地方政府的运动，其核心内容是地方政府应该如何更加有效地提供地方公共服务，建设地方服务型政府。随着新公共管理运动的发展，政府改革和再造作为一个世界潮流，影响着中国政府改革的具体实践，建设服务型政府目标的提出，就是中国政府吸取国际经验而提出的适合中国国情的改革方针。因此，在中国已开始逐渐融入世界一体化的特定背景下，这些理论都具有参考价值。

一、服务型政府的理论依据

1. 新公共管理理论

20 世纪 70 年代以来，西方主要发达国家如美国、英国等国家在社会和经济发展过程中，都面临着"滞涨"危机，全能型政府的有效性受到了怀疑和批判。为了解决上述政府面临的严重问题，西方各国纷纷进行政府改革。我们把开始于英国，盛行西方并席卷整个资本主义国家的这一公共行政改革浪潮称之为"新公共管理运动"，在实践中又被成为"政府再造运动"，其目标是打造一个少花钱多办事的政府，并坚持以顾客需求为导向的服务原则。"新公共管理"运动的理论家认为，政府应该"掌舵而非划桨"。[01] 作为一种旨在"解决公共问题，实现公共利益，运用公共权力对公共事务施加管理的社会活动"[02]，新公共管理理论理念主要表现如下：

(1) 以效益为主要的价值取向

新公共管理理论认为政府重视的不是管理中严格的程序、过程、规章制度等的投入，而是管理活动的产出与绩效，公共部门能够主动、灵活、低成本地对外界情况的变化以及不同的利益需求作出富有成效的反应。

(2) 建立企业式政府和以顾客为导向的政府

新公共管理以公共选择理论等作为基础，一个好政府应该是一个企业家式的政府，应该是一个能够提供较高服务效率的政府。为了实现这一目标，政府就理所当然要以服务对象为顾客，把顾客当作上帝，政府服务应以顾客之需要为导向，不是由政府管理人员选择提供者，而是政府管理人员让公民选择提供者，给公民以更多的选择权，让公民有更多的机会来评价政

01　曹现强，王佃利. 公共管理学概论 [M]. 北京：中国人民大学出版社，2005：20.
02　方福前. 公共选择理论 [M]. 北京：中国人民大学出版社，2001：131.

第二章　服务型政府的理论依据及内涵

府工作效果，从而促进政府改善工作，提高其服务质量。

(3) 引入市场机制

政府理所当然是公共服务的提供者，但这并不意味着所有的公共服务都应该由政府来提供，对于公共服务的垄断性应该给予逐渐取消，让更多的私营部门参与公共服务的供给。通过把竞争机制引入到政府公共管理中，从而提高服务的质量与效率。

(4) 管理与操作分离

新公共管理理论认为政府应严格将管理与具体操作分开，认为有效的政府并不只是一个会实干的政府，一个会执行的政府，而是一个能够"治理"的政府，并且善于"治理"的政府。

新公共管理很好地回答了如何提供高质量、高效率的服务产品的问题，对建设服务型政府有一定参考价值，但它却忽略了服务过程中的民主回应性。

2．新公共服务理论

进入 21 世纪以后，新公共管理运动的一些主张在一定程度上暴露出自身的问题，尤其是不能适应发展中国家的实际需求，因此在一些方面得到修正。其中最为著名的一种新的理论模式就是"新公共服务"。

作为服务型政府非常重要的理论支撑，新公共服务的价值理念从根本上触及到了政府回应的内核。新公共服务理论是以美国著名公共行政学家罗伯特·B. 丹哈特为代表的一批公共行政学者基于对新公共管理理论的反思而建立起来的一种新的公共行政理论。新公共服务理论的核心就是公共服务。与新公共管理建立在个人利益最大化的经济概念上不同，新公共服务是建立在公共利益的观念上的，是建立在公共行政人员为公民全心全意服务之上的，它强调了对服务的价值和意义的关注。它主张用一种基于公民权、民主和为公共利益服务的新公共服务模式来替代当前的那些基于经济理论和自我利益的主导行政模式。它将公民置于整个治理的中心，强调政府治理角色的转变是服务而非掌舵；重视公民社会与公民身份，重视政府与社区、公民之间的对话沟通与合作共治；强调建立有效的公民利益表达机制。新公共服务非常重视公共利益、尊重公民权利与参与、强调民主程序、公平和公正等理念，并大力提倡对政府公共服务行为中公共价值的关注，通过公民参与、授权以及对话，最终确保政府对公民偏好和需要的回应。

新公共服务理论具有许多闪光的思想可以为构建服务型政府所借鉴。首先，从政府的价值理念上看，该理论认为，公共利益应是政府的基本立场，认为政府的本质在于它的公共性和社会性。但是它所指的公共利益不是象传统公共行政那样在政治上的简单界定，也不象新公共管理所描述的是个人利益的集合，而是共商共同价值观的结果，最大程度上尊重和体现了"民意"。其次，政府的作用在于服务。在于通过建立沟通对话和协商的机制，为公民充分表达自己的意愿，营造共同的价值观提供平台和服务。第三，关于公务员。认为公务员回应的对象不是委托人和选民，抑或仅仅是顾客，而应该是公民；公务员的激励基础不仅仅在于工资收益和公职保障，而应在于公共

第二章 服务型政府的理论依据及内涵

服务和期望对社会有所贡献；公务员的责任也不是单一的对自己的上级负责或只对自己的顾客负责，而应该是处于一个多样化的责任体系之中，包括法律、社会价值观、政治规范、职业标准和公民利益等。这就对公务员的素质能力、伦理规范提出了更高的要求。第四，关于社会治理结构。认为实现政策目标的机制，显然不能只靠单一的现存政府机构，应该致力于建立公共、私人和非营利机构之间的联盟，把各方面的力量集中到计划的实施过程中，注重发挥集体的合力使计划得以贯彻执行，从而满足相互一致的需求。

新公共服务理论所描绘的是这样一种社会治理结构，即政府的治理方式完全以服务代替了控制，政府、私人组织与公民组成的各种志愿组织共同构成了社会的治理体系，政府与社会、公民之间不再是一种自上而下的单一的"权力——服从"型关系，而是一种多向的、信任合作的良性互动关系。

3. 治理理论

治理理论的核心观点是主张通过合作、协商、伙伴关系，确定共同的目标实现对公共事务的管理。它的内涵是：政府的职能从"划桨"到"掌舵"的转变，即实现治道变革[01]。自从世界银行 1989 年在讨论非洲的发展时首次提出"治理危机"以来，"治理"这个概念在学术界很快就流行开来。20 世纪 90 年代，治理理论 (Governance Theory) 兴起。其观点有：

---

01 毛寿龙，李梅.西方政府的治道变革 [M].北京：中国人民大学出版社，1998：16.

(1) 提出了"共治"的思想，治理意味着管理主体的变化，政府不再是国家唯一的权力中心，各种公共和私人机构也可成为一定层面上的权力中心；在治理理论看来，其他社会组织如非营利的公共组织、社区、志愿者个人甚至企业等都可以成为拥有权威的治理主体，进而提出了"共同治理"的概念。"共治"概念的提出为公民参与公共事务的治理提供了理论支持。

(2) 公共产品的供应可由私人部门和第三部门承担，与政府部门相互依赖，互通资源，分担政府的责任。

(3) 治理的目的是达到善治，实现管理者与被管理者的协调与合作。这个过程主要通过合作、协商、伙伴关系确立认同和共同的目标等方式而实施对公共事务的治理，在这个过程中，治理者与被治理者之间的关系是平等的合作关系。

治理不是一整套规则，也不是一种活动，而是一个过程；治理过程的基础不是控制，而是协调。治理既涉及公共部门，也包括私人部门。治理不是一种正式的制度，而是持续的互动。[01] 因此，强调其它社会力量参与社会管理，对于新时期我国变革政府治理模式所依据的理念来说，实质就是基于"政府—市场—社会"三元社会结构范式上的政府权力转移。

二、服务型政府的内涵

在席卷西方世界的政府再造之风中，特别是自 20 世纪 90 年代以来，西方各国的政府均以重塑服务型政府为其主要目标。

---

01 俞可平. 全球治理引论 [J]. 马克思主义与现实，2002：37.

第二章　服务型政府的理论依据及内涵

1994 年，英国政府进行了"政府信息服务"的实验，1996 年 11 月公布"Government Direct"计划，提出新形态的公共服务以符合未来社会的需求。美国政府于 1994 年 9 月 20 日颁布了"顾客至上：服务美国公众的标准"，主张建立顾客至上的政府。同年 12 月，美国政府信息技术服务小组提出的政府信息技术服务的远景报告认为，改革政府不只是人事精简、减少政府赤字的问题，更需要善于运用信息技术的力量彻底重塑政府对民众的服务工作。还有新西兰的"公共服务部门之改造"以及日本的"实现对国民提供高品质服务的行政"，都体现了政府改革的目标——构建服务型政府。改革开放以来，我国也在创建服务型政府方面做出了不懈努力，先后多次进行以转变职能为重点的机构改革。

从历史的角度看，公共服务型政府起源于西方，但是"服务型政府"的概念不折不扣是我国学者创造的。[01] 随着建设服务型政府成为中央乃至许多地方政府所确定的政府转型的目标，服务型政府也迅速成为理论界的研究热点。

目前，我国学界对服务型政府概念的研究在一定程度上表现出"一个概念，各自表述"的倾向。有代表性的观点主要有以下几种：如：服务型政府作为政府运作模式之一，它是在公民本位、社会本位理念指导下，在整个社会民主秩序的框架下，通过法定程序，按照公民意志组建起来的以为公民服务为宗旨

01　张康之. 限制政府规模的理念 [J]. 行政论坛，2000(4). 这篇文章中首次使用服务型政府一词，把它与统治型、管制型政府相对的一种行政模式。

并承担着服务责任的政府[01]。一言以蔽之，"人民性"是服务型政府的宗旨[02]。"在当代市场经济条件下，政府职能定位的基本原则是明确政府职能的公共性、有限性和服务性，以建立服务型政府为政府职能定位的终级目标。政府的公共性和有限性都决定了政府职能的根本内容是公共服务。政府只有通过提供充足优质的公共服务，才能证明自己存在的价值与合法性。没有服务就没有现代政府。"[03] 等等。

把服务型政府的定义做如下梳理，归为以下几类：

1．政治道德追求和党的宗旨的角度

这个角度认为服务型政府就是中国共产党一直倡导并积极实践的全心全意为人民服务的政府。代表学者如李晓西[04]、刘熙瑞[05]、吴双[06]等认为，服务型政府就是为人民服务的政府。服务型政府就要提供公共产品为人民服务，要以民为本，让政府成为真正意义上的人民的公仆。就是在社会本位和公民本位理念指

01　刘熙瑞．服务型政府——经济全球化背景下中国政府改革的目标选择 [J]. 中国行政管理，2002(7)：53.

02　刘祖云．论"服务型政府"的根据、内涵和宗旨 [J]. 江汉论坛，2005(9)：23.

03　李军鹏．公共服务型政府 [M]. 北京：北京大学出版社，2004：30.

04　李晓西．明确公共产品的服务对象，避免公器私用 [J]. 建设公共服务型政府中国改革形势季度分析会部分专家发言摘要，中国海南改革发展研究员简报，总第 447 期．

05　刘熙瑞．服务型政府：经济全球化背景下中国行政改革的目标选择 [J]. 中国行政管理，2002(7)：33.

06　吴双．建设公共服务型政府问题综述．http：//www. ccmedu. com/index. aspx，2005-6-20.

第二章　服务型政府的理论依据及内涵

导下，在整个社会民主秩序的框架下，通过法定程序，按照公民意志组建起来的以为人民服务为宗旨并承担责任的政府。它必须是一个无私的政府，一个没有私人利益的政府，一个民主的政府。

2．政府与社会关系的角度

这个角度认为服务型政府与其他政府范式的根本区别体现在政府与社会的关系上。代表学者如吴敬琏[01]、吴玉宗[02]、侯玉兰[03]等认为服务型政府与其他政府范式的根本区别体现在政府与社会的关系上，服务型政府体现了国家权力向社会权力的转移，政府本位向社会本位，官本位向民本位的转移。服务型政府的权力来源于社会、受制于社会、服务于社会，使政府权力重新回归社会。吴敬琏认为，建设服务型政府，就是要把"全能型政府"体制颠倒了的政府和人民之间的主仆关系校正过来，建设一个公开、透明、可问责的服务型政府。

3．政府职能的角度

部分专家认为服务型政府就是提供私人和社会无力或不愿提供的、却又与公共利益相关的非排他性公共产品和公共服务

01　吴敬琏．建设一个公开、透明和可问责的公共服务型政府 [J]. 领导决策信息，2003(25)：18.

02　吴玉宗．公共服务型政府：缘起和前景 [J]. 社会科学研究，2004(3)：56.

03　侯玉兰．论建设公共服务型政府：内涵及意义 [J]. 理论前沿，2003(23)：43.

的政府。国家行政学院的马庆钰[01]、华侨大学的赵春丽[02]、中国行政管理学会课题组[03]等学者都持类似的观点。他们普遍认为服务型政府最重要也是最基本的职能就是组织和执行"公共物品"的供给。

4．政府治理模式的角度

有学者从政府治理模式的角度界定这一概念。国家行政学院的李军鹏认为服务型政府就是有限政府，即政府能力有限、职能有限、权力有限、责任有限。它的有限性使政府不可能对社会一切公共事务大包大揽，而应该是多中心治理模式下的服务型政府[04]。

5．其他角度

部分专家学者从其他方面提出的关于服务型政府的概念：一种普遍的观点认为，服务型政府就是要把服务作为管理的出发点和归宿，管理是为了更好地服务。南开大学朱光磊教授[05]认为，政府作为一个由复杂的社会关系所构成的产物，其"统治"

01　马庆钰. 公共服务的几个基本理论问题 [J]. 中共中央党校学报，2005(1)：22.

02　赵春丽. 公共服务型政府—政府职能转变的基本趋向 [J]. 行政论坛，2004(66)：39.

03　中国行政管理学会课题组. 加快我国社会管理和公共服务改革的研究报告 [J]. 中国行政管理，2005(2).

04　李军鹏. 公共服务型政府 [M]. 北京：北京大学出版社，2004：29—30.

05　朱光磊. "规制—服务型"地方政府：定位、内涵与建设 [J]. 中国人民大学学报，2005(1)：14.

第二章　服务型政府的理论依据及内涵

职能和"管理"职能其实是一个问题的两个方面，彼此并不矛盾。现代政府管理本身就意味着一种服务，"管理"之中有"服务"，"服务"之中有"管理"，而且政府对某些人提供的服务可能同时变成对其他人的"管理"。北京大学谢庆奎[01]从服务型政府最终目标的角度认为，服务型政府是民主政府、有限政府、责任政府、法制政府和绩效政府。

总的来看，服务型政府，是以"管理就是服务"为根本理念，以提供私人或者社会不愿意提供、或者没有能力提供的公共产品为主要职能的政府。具体而言，服务型政府是指在民主政治的框架下，通过法定程序，按照公民意志组建起来，以为公民服务为宗旨实现服务职能，承担着服务责任的政府。

三、服务型政府的特征

中国改革发展研究院院长迟福林认为，改革开放以来，中国逐步形成了一个"经济建设型政府"模式。政府长期主导资源配置，并将掌握的资源卡要运用在经济领域，这使政府充当了经济建设主体和投资主体的角色。经济建设型政府有几个严重的误区：一是政府长期作为经济发展的主体力量，起主导作用；二是解决不了政府、国有企业与国有商业银行的结构性矛盾，致使政企分开一直成为改革的难点；三是重视经济建设的投入回报，严重忽视社会事业投入的巨大经济、社会效益；四是不恰当地把一些本应由政府提供的公共物品和公共服务推向

01　谢庆奎. 服务型政府建设的基本途径：政府创新 [J]. 北京大学学报，2005(1)：21.

市场、推向社会。实践证明，经济与社会发展失衡、经济发展和生态环境的失衡等，都与这种政府模式有直接、内在的联系。[01] 所以，迟福林认为，从"经济建设型政府"转向"公共服务型政府"，是中国市场化改革的必然选择。中国经济要实现持续快速发展，必须实现经济增长方式由政府主导向市场主导转变。那么，提倡"公共服务型政府"，是不是就否定了"以经济建设为中心"？公共服务型政府并没有否定"以经济建设为中心"，而是抛弃了政府把主要精力用来直接搞投资建设的做法，主张政府主要为微观经济主体的企业创造良好的经济社会环境，以实现经济社会协调发展[02]。

从时间顺序上看。人类社会经历了传统社会（农业社会、前工业社会）、现代社会（工业社会）、后现代社会（后工业社会）三个阶段。与此相对应，人类社会的政府类型也经历统治型政府、管理（管制）型政府和服务型政府的更替。在农业社会，政府的主要职能是阶级统治，统治阶级通过暴力、控制和镇压等手段来获取维护自身根本利益的社会秩序，把被统治阶级束缚在既定的统治秩序之内，统治阶级与被统治阶级之间是强制与服从关系。随着农业社会向工业社会转型，政府的管制职能逐渐与政治统治职能相分离，并获得了相对独立性，这种分离契合了现代化对效率的追求。同时，韦伯的理性官僚制理论、泰勒的科学管理理论、法约尔的一般管理原则在政府行政领域的

01　迟福林 . 论"公共服务型政府" [J]. 理论参考，2006(06).

02　刘熙瑞 . 服务型政府——经济全球化背景下中国政府改革的目标选择 [J]. 中国行政管理 2002(07).

第二章　服务型政府的理论依据及内涵

采用，再加上功利主义的推波助澜，导致工业化进程中的人们陷入了"效率崇拜"[01]，并产生了"异化"现象。异化是"一种体验方式，在这种体验中，个人感到自己是陌生人。或者说，个人在这种体验中变得使自己疏远起来。他感觉不到自己就是个人世界的中心，是自己行动的创造者——他只是觉得自己的行动及其结果成了他的主人，他只能服从或崇拜它们"[02]。20世纪70年代，随着西方发达国家基本完成现代化，进入后工业社会，人们开始对管制型政府模式表示不满，要求政府职能调整，建立服务型政府，服务型政府是一种全新的政府职能模式，其特征归纳起来，大致包括以下几个方面：

1. 民主政府

"以人为本"、"执政为民"是服务型政府的治理理念。人民是国家的主人，政府的权力来自于人民的授予，"向人民学习，为人民服务，请人民评判，让人民满意"是我国服务型政府建设的基本要求。人民的利益至高无上，政府为人民服务是天职；政府的施政目标必须征得人民的同意，实现社会公共利益的最大化同时使人民有权参与政府决策和执行的过程，只有普遍的公民主权才是构建服务型政府和提供公共服务的基本前提及其正当性的主要来源。

01　[美]丹尼尔·贝尔.意识形态的终结[M].张国清译.江苏人民出版社，2001：227.

02　[美]弗罗姆.健全的社会[M].蒋重跃译.中国文联出版公司，1988：120.

2. 有限政府

无限政府表现为政府职能的无限扩张，政府管了许多不该管、管不了、也管不好的事情。由"全能政府"向"有限政府"转变是服务型政府的发展目标，政府的权力是有限的，不是无限的。计划经济时代的政府是管制型政府，其权力是无限的，无孔不入，无限膨胀；而市场经济时代的政府应该是服务型政府，为市场服务，为社会稳定和经济发展服务。政府的功能不再是无所不为的全能型管理，而是有所为、有所不为的有限型管理与服务。公共行政系统中，政府不是全部公共行政机构，它和其他公共机构直接或间接地共同行使社会公共权力，提供公共服务，其责任和权力也不是无限的。政府应该在市场、企业、社区、非政府组织干不了的情况下才介入行使职权，除此之外政府不应该介入其它领域。把本该由社会或市场履行和完成的事交给社会、市场去办，做到不该管的不管，管不了的不管，管不好的不管。同时，要强化对经济运行的宏观调控、协调指导、政策法规制定、检查监督等方面职能。政府有所为的领域主要是在市场不完善的地方、市场不能发挥作用的地方，为市场主体、为社会提供秩序、法律、制度、法规等抽象的公共产品。所以，政府必须从那些"不该管、管不了、管不好"的领域中退出，尽量转移出那些可以由社会公共组织来承担、由市场自行调节的职能，即退出"划桨"职能，进而将主要精力放在制定政策、做出决策，提供公共服务和公共产品方面，即履行"掌舵"职能。

第二章　服务型政府的理论依据及内涵

3．法治政府

"依法行政"是服务型政府的行为准则。服务型政府强调政府由法律产生、受法律控制、依法律办事、对法律负责。"违法必究"是服务型政府的问责机制，政府服务不仅追求行政行为的效率，而且遵循公平、公正、公开的原则。

4．顾客导向政府

政府服务必然体现"以民为本"的原则，以人民诉求为导向，真正做到"想为人民所想，急为人民所急"，也就是说要以公众的期望决定策略设计的蓝图，以公众的需求决定服务的内涵与方式，以公众的满意度衡量政策执行的成效，以公众的评价决定政策变迁的方向。

5．责任政府

政府必须对自己的行为负责，对自己所提供的服务负责，对人民的利益负责。对于政府的失职行为，人民有权对政府提出质询，追究责任，直至罢免政府官员。政府必须回应社会和民众的基本要求并积极采取行动加以满足，履行政府在整个社会中的法律义务，并承担责任。不仅政府行使的每项权力都连带责任，而且政府拒绝行使法定的权力也要承担责任。对于政府服务得怎样、是否达到人民期望值，人民有权评判，对于政府违法服务，过失服务造成的后果，人民有权追究。

6．绩效政府

绩效即政府的业绩和效率。政府是否高效运作是建设服务型政府的关键。绩效是判断一个公共管理体制是否优良的基本标准，同时也是判断政府是否有能力承担公共服务职能的主要标准。公共行政依靠公共税收支撑，就必须核算行政成本，讲究行政投入、行政产出、行政绩效。因此，政府必须想法设法为公民提供更多的公共利益，但同时必须杜绝铺张浪费，杜绝所谓"政绩工程"、"形象工程"以促进政府管理绩效。

综上，服务型政府是民主政府、有限政府、法治政府、责任政府、绩效政府。这是服务型政府的特征，也是服务型政府的目标，更是成熟的市场经济体制发展的必然要求。

四、服务型政府治理模式的创新

1．改革传统行政管理模式

美国心理学家亚伯拉罕·马斯洛于 1943 年提出了需求层次理论 (Maslow' shierarchy of needs) 认为人的需要有一个从低级向高级发展的过程如果说需求层次理论对研究人的个体行为有意义、有启发的话，那么，这一理论对于研究人的群体行为和社会行为同样具有重要的意义和启发。根据国际经验，随着一国发展水平的提高特别是人均国内生产总值处于 3000 美元至10000 美元的阶段，居民消费逐步由耐用品消费向服务消费升级。与此同时，城乡居民对政府公共服务也提出了新的更高要求。在我国，当温饱问题基本解决后，人民群众对提高生活水平和改善生活质量的愿望明显增强，其中包括提高基本公共服务的质量和水平，这是时代发展和社会进步的重要标志。只有深化行政体制改革，大力加强服务型政府建设，才能适应这一发展趋势，进一步推动社会的发展和进步。

2．理念更新

理论是行动的先导，为了从源头上突破传统公共行政范式，解决服务行政实践上的错位，必须进行理念的更新和模式的重塑，让这一理念和模式成为建设服务型政府的理论基石、实践指南。建设回应力强的服务型政府，首要的前提是树立以人为本的科学发展观。

政府应转变以"经济建设为中心"的施政理念，抛弃过去单纯以 GDP 增长为目标的发展模式，要强化政府服务职能，通过加快建设服务型政府提升城镇竞争力，为经济发展创造良好的社会环境。解决这一系列发展问题的关键，是改变政府的服务职能，改变过去政府职能"越位"、"缺位"、"失位"的现象，真正转变政府施政理念和行政方式。

3．多样化的公共服务提供模式

萨缪尔森说过"政府需要为人民做他们所需要做的事，而这些事靠个人的努力是完全做不到或无法做得那么好的。"[01] 因

01　[美] 保罗·A. 萨缪尔森. 经济学 [M](12 版). 北京：中国发展出版社，1992：
　　1197.

此，政府不仅要提供企业和民间组织不能或不愿提供的公共服务，还要动员民营企业、民间组织明确责任，参与提供公共服务，并对公共服务的生产和供给进行有效监督。与此同时，加快培育非政府组织。目前政府的公共服务供给基本都是由政府垄断，这就需要政府向非政府组织分权，将政府所承担的技术性、服务性、协调性工作从政府职能中分离出去，交给非政府组织，就是把现在由政府承担的部分管理和服务职能过渡给各类非政府组织。为此，政府要鼓励和支持各类非政府组织参与社会事务，发挥其重要作用，结合实际建立符合自身特色的公共模式。

第三章　服务型政府视角下的政府回应

服务型政府关注的焦点是人民群众对公共产品的价值偏好，重视人民群众所反映的诸多问题，并且有针对性加以负责地解决。由此可见，服务型政府职责的履行就需要具备对公共需求和公众问题诉求具备灵敏的感应能力和针对问题加以高效处理的解决能力。这就意味着政府有效的社会回应，即服务型政府应当具备良好的相对于公众、市场、社会要求和问题诉求的回应性，建设和拥有一个科学有效的政府回应机制，以满足现代政府的治理需求。

一、服务型政府的角色定位

1. 服务与回应

新公共服务理论认为，政府的作用主要在于服务于公民，重视公民权和人的价值，在于实现社会公共利益的最大化。新公共服务重新定位了政府和公务员的角色——服务而非掌舵，"对于公务员来说，越来越重要的是要利用基于价值的共同领导来帮助公民明确表达和满足他们的共同利益需求，而不是试图控制或掌控社会新的发展方向"。[01]

政府应该把自己的职责"放在建立明显具有完整性和回应性的公共机构上"。这实际上表明服务包含了回应，回应是服务行政的重要组成部分。"我们所服务的公民是我们的主人，在回应主人时，我们认识到每一个主人都对我们的所作所为有利害关系，并且所有主人的指导和参与都是需要的和适当的。"[02]

政府的作用应更多地体现在把人们聚集到能无拘无束、真诚地进行对话的环境中，阐述和表达自己的利益诉求，共商社会应该选择的发展方向。在一个注重公众和社会需求，并要求公民参与公共政策制定的服务型政府中，政府的职责不再是用政府的主观意愿去代替公众的实际需求，而是使政府服务的根据来源于公众的需求，并对其作出及时的回应。

2. 公共利益

在政府回应的过程中，公共利益是政府的基本立场和价值取向。政府回应的主导价值观来源于政府和公民社会之间的诚

---

01 ［美］罗伯特·B.登哈特，珍妮特·V.登哈特. 新公共服务：服务而不是掌舵 [M]. 北京：中国人民大学出版社，2004：41.

02 ［美］罗伯特·B.登哈特，珍妮特·V.登哈特. 新公共服务：服务而不是掌舵 [M]. 北京：中国人民大学出版社，2004，166.

恳对话延伸出的真实的公共利益，对公民利益诉求的回应也是对公共利益有机组成部分的反应和回复。[01] 新公共服务认为对公共利益意义的寻求是公共生活存在的理由，公共利益是通过社区对话和参与的过程实现的，其价值内涵是正义、公正、公平等民主规范，人们明确表达共同利益并首先关注政策选择更广泛的结果就形成了公共利益。"公共行政是为谋求实现公众的社会价值而对社会变革进程的管理。管理公共组织不仅仅是要以最有效率或尽可能'理性'的方式实现特定目标的问题，公共行政人员倒是必须注意考虑其他更广泛的因素。他们必须关注公共利益，必须充分回应人民的意志。新公共服务理论认为，公共利益源于对共同价值准则的对话和协商，而不是个体自我利益的简单相加。公共行政的终极目标不应是效率、利润，政府更节约、更经济不是政府存在的理由。谋求公共利益才是政府存在的合法性基础，因此，要确保公共利益居于支配地位。"[02] 这一点与新公共服务的价值理念不谋而合，新公共服务的核心原则之一就是重新肯定公共利益在政府服务中的中心地位，认为"追求公共利益"才是公共行政的根本目标。

3．公民参与

登哈特认为，政府应该"服务于公民，而不是服务于顾

01　王巍.论"政府回应"的内涵和主导模式转型 [J].探索，2005(1)：59.

02　[美] 罗伯特·B.登哈特.公共组织理论 [M].北京：中国人民大学出版社，2003：117.

客"，主张维护和发展公民权，认为公共服务就是公民权的扩大部分，强调公民参与对治理的重要影响。同时，他还极力主张公民应该积极并且真正地参与公共政策的制定，因为公民参与能够保证公民权的实现，通过实际的参与过程能使个人成为自己的主人，并从参与中得以控制自己的生活环境。

应该说，参与能够促进公民意识的觉醒，提升公民的公共责任感。新公共服务认为行政官员要有一种关心和参与的态度，负有倾听公民声音并对其话语做出回应的责任，应创造能够互相学习的对话和参与环境，促进公民参与政策制定或公共管理活动。回应作为公民中心主义的公共服务的一部分，实质上体现的是作为公民自身的公共权利。有参与才有回应，政府在进行公共决策的过程中有什么程度的公众参与，就体现多少民意的成分。当然，公民参与在实践方面也有种种好处：公民参与能够有助于满足公民对其声音受关注及需要得到满足的希望；公民参与能够改进政府决策的质量，使政府决策民主化、科学化；由于结果的利害相关，对政策过程的更多参与有助于政策的执行；公民参与可以回应对增加政府透明度和强化政府责任的要求；公民参与有可能会增加对政府的公共信任度等等。从中我们不难发现，参与使公民对公共利益和公共责任愈发重视的同时，也有助于促进公共服务品质的提高，推动民主政治的发展，并有助于增强政府的合法性和回应性。政府应该是开放的可以接近、具有很大的回应性并能保证公民在政策过程的各个阶段行使公民权。

第三章　服务型政府视角下的政府回应

4．责任问题

服务型政府强调回应的责任性，对反应和回复过程加以明确的区分和相应的责任界定，不仅重视对公众所提问题的反应，而且重视对公众评价的有效反馈，重视反馈后的工作绩效评价，不断改正，以保证政府回应的真实有效性。这不仅克服了回应可能产生的反馈滞后性、回复随意性等缺陷，而且符合服务型政府的内涵。而在登哈特看来，"承认责任并不简单"，公务员应关注的不只是市场，他还应该关注宪法法律、社区价值观、政治规范、职业标准及公民利益。公务员的责任并不单一、简单，他应该对宪法法令等复杂因素负责。责任是任何治理过程的基础，"责任机制在民主政策中的最终目的在于确保政府对公民偏好和需要的回应"。[01] 在治理过程中，行政官员必须关注这个复杂治理系统中的所有竞争性规范、价值观以及偏好。但是，道德责任和对特定组织的法定责任之间存在不可调试的责任冲突使得责任悖论不可避免。如果政府不能实现它为其政策和行动而对公众负有的责任，那么它就失去了其公共性身份与合法性基础。新公共服务认为，要实现这种责任，公务员必须通过承认并关注冲突性规范和因素，倾听公民的声音，通过鼓励公民参与、授权、对话来与公民积极互动，在积极回应中完成公共服务并实现责任。总之，作为服务型政府重要理论支持的新公共服务理论，是一种更加关注民主价值、公共利益和公民的积

---

01 [美] 珍妮特·V. 登哈特，罗伯特·B. 登哈特. 新公共服务：服务而不是掌舵 [M]. 北京：中国人民大学出版社，2004：130.

极参与，适合于现代公民社会发展和公共管理实践的新理论。它实质是要实行"以民为导向"的公共行政，即以公民的不同偏好为基础，以满足公民对公共物品和服务的特定需求为目标，重视公共问题解决过程中的公民参与的理论。新公共服务理论不仅为我们研究政府回应提供了一个崭新的视角，同时也对我们探索服务型政府回应机制的构建带来新的启示。

5．有限政府和依法行政

有限政府是服务型政府的发展目标，随着社会主义市场经济体制的建立和完善，我国政府不再是无所不为的全能型政府，而是有所为有所不为的有限型政府。为此，首先应当厘清政府与市场的界限，应该退出的领域就坚决退出。其次，合理划分行政决策与行政执行职能，整合组织结构避免职能交叉。第三，充分开发社会资源，培育和鼓励第三部门及民营企业参与公共事业管理。而依法行政是服务型政府的行为准则，法治之下的政府权力是一种有限权力，政府在权力职能规模上皆受法律的明文限制也就是说服务型政府强调政府由法律产生，受法律控制，依法律办事，对法律负责。它要求政府服务程序化、规范化，不仅追求行政行为的效率而且遵循公开公平公正的原则。要通过建立重大行政决策事项的专家咨询论证制度、公示听证制度，提高行政决策的科学化和民主化。通过制定政府信息公开办法，保障公众的知情权，通过职位分析及职位说明书明确工作职责。通过制度明确工作目标，通过控制自由裁量权防止行政行为的显失公正，以保障公民享受平等的政府服务进而形成公平的市场竞争环境。

二、服务型政府与政府回应能力的内在契合

1. 以公共利益为追求目标

服务型政府建设的基本要求决定了政府实施对国家事务和公共事务管理的目的是维护最广大人民的根本利益，全心全意为人民服务。这就要求政府回应的实质是回应公众的利益，也就是对公共事务的处理要以公众的利益为导向。罗伯特·B.登哈特在谈到公共行政的核心理论问题时提出，"一方面，政府机构要求在进行服务时要保持最高的效率，另一方面，公共组织是为公共利益而运作，必须反映服务对象的需求及期望"。[01] 他认为，公共利益才是公共行政所追求的根本目标。公共行政官员应当积极地为公民通过对话清楚地表达共同价值观念并形成共同地公共利益观念提供舞台，应该鼓励公民采取一致的行动，而不应该仅仅通过促成妥协而简单地回应不同的利益需求。公共政策作为政府回应的主要形式，它是对社会利益的权威性分配，集中反映了社会利益，公共政策应该最终提高大多数人的福利，这就决定了公共政策必须反映大多数人的利益才能使其具有合法性。因而，许多学者都将公共政策的目标导向定位于公共利益的实现，认为公共利益是公共政策的价值取向和逻辑

01　刘熙瑞. 服务型政府——经济全球化背景下中国政府改革的目标选择 [J]. 中国行政管理，2002(7)：53.

服务型政府回应力研究

起点是公共政策的本质与归属、出发点和最终目的，[01] 只有以公共利益为导向的公共行政才能真正体现政府回应的特性。

2. 以政府与公众互动参与为基础

参与不仅作为表达意愿的一种方式，更加重要的是要把参与当成监督政府公决策和监控政府行为的一种重要手段，从而促使政府必须保证参与的质量。现代政府的公共政策制定过程本质上来讲就是由政府代表民众意愿对社会发展做出正确选择和判断的过程，民意是公共政策的基础。政府和公众同处于一个政治生态系统之中，互为彼此的环境，既要求公众具备政策参与的文化素质与利益表达的能力，也要求政府与其进行适时的能量和资源的交流。只有二者在政府回应机制中互动、协调与统一，才能推动公共政策达成公共利益的实现。此外，由于政府的自利性，政府作为公共政策制定的主体，同时又是最为重要的核心利益主体，由政府主导制定的公共政策必然存在非全社会的"政府利益"，而偏离公共政策的公共性。只有真正重视公民在政策执行中的作用，通过公众积极地参与公共服务的生产和供给，才能对政策实施提供更多的备选方案，才能有效衡量政府行为的自由裁量权，才能增进政府公信度，才能真正发挥公民功效、促进共同利益。因此，公众参与不仅能对政府行政行为进行限制，同时还具有很强的监督性。公众在作为政府成长的环境为其提供资源的同时，也严格地限制着政府行政的方向、方式等，成为政府行政有力的外部监督。

01　刘祖云.论"服务型政府"的根据、内涵和宗旨 [J].江汉论坛，2005(9)：23.

第三章　服务型政府视角下的政府回应

公民参与是现代民主行政的重要内容，在治理过程中除了行政官员应扮演的角色外，也需要公民积极参与，故公民资格不应该是被动地由公民所认同的社群所给予，而是必须由公民本身在积极参与公共事务的行政中所构建。政府官员在民主行政的过程中，最重要的任务就是应该提供给公民适当的公共领域，以便公民参与自我建构的行动，也就是说政府机关本身就应当形成一个公民认同并能够参与的公共机构，在这种参与中培养公民资格。[01] 有参与才有回应，政府在进行公共决策的过程中有什么程度的公众参与，就体现多少民意的成分。政府回应最主要的方式是公共决策的回应，公共政策是政府对社会领域的权威输出，是政治系统对"全社会的价值做权威性分配"，[02] 是政府回应社会的主要途径。针对不同层次的社会需求，政府作用于社会的公共政策可分为具体政策、方面政策和元政策。不管那一层面的政策，其价值标准是一致的，即政治公正性和社会可行性。它作为政府管理的一个重要过程，不应该只是停留在职能性回应的层面，而应该是政府与民众互动选择的一种前瞻性回应。由于处于回应的主导地位，政府更应当为社会和民众创造一个良好的回应的环境，提高民众政治参与的意愿与热情，并进行政策、法律法规和程序的宣传，确保政府决策行为的合法性与合理性，从而推动政府回应的发展与完善。这就意味着政府必须改变原来的管制型的行政方式，转而推行以民众

01　[美]彼得圣吉. 第五项修炼学习型组织的艺术与实务 [M]. 上海：上海三联书店，1998：14.

02　李军鹏. 公共服务型政府 [M]. 北京：北京大学出版社，2004：30.

为服务对象，以公共利益为导向，以公共服务为根本特征的行政方式。可以说，政府回应的程度不仅关系到政府决策体制的进一步改革与完善，更是关系到国家的兴衰与发展。

3. 以公共责任机制为根本

在我国，关于政府官员承担政治责任，并没有一套完备的制度。对官员责任的追究，大多仅限于上级党政领导对下级人员做出行政处分，轻者接受人民群众或者上级领导的批评，做出检讨，责成其更改政策或改正其行政行为。重者是辞职，或被免职、罢免。可以说，在中国当官所承担的风险是最少的，这在某种程度上反映了我国政治责任制度的不完善。张成福认为，责任行政或责任政府既是现代民主政治的一种基本理念，又是一种对政府公共行政进行民主控制的制度安排。作为民主政治时代的一种基本价值理念，它要求政府必须回应社会和民众的基本要求并积极采取行动加以满足；政府必须积极地履行其社会义务和职责；必须承担道义上的、政治上的、法律上的责任；政府必须接受来自内部的和外部的控制以保证责任的实现。作为一种制度安排，责任政府意味着保证政府责任实现的责任控制机制，这种控制机制既包括内部的，也包括外部的。[01]

从中我们不难看出，责任机制不仅仅是一种控制政府行为的机制，其本质上还是一种强制型责任机制。因此，责任政府是服务型政府回应的显著特征。休斯指出，"责任机制将政府的行政部分与政治部分结合在一起，并最终关系到公众本身。责

01　张成福.责任政府论 [J].中国人民大学学报，2000(2)：77.

第三章　服务型政府视角下的政府回应

任机制说到底是民主制度。"因为"公民与政府的关系可以看成是一种委托——代理关系，公民同意推举某人以其名义进行治理，但是必须满足公民的利益并为公民服务"，所以"政府与公民之间的关系形成了责任机制"。[01] 因此，服务型政府在致力于提高行政效率的同时，更应该谋求公共行政活动的责任性，发展公共责任机制。

三、政府回应的内涵及特征

地方政府提高回应或服务社会，并非在原有流程上的简单修补，而是一场彻底、深刻、持续的政府革命。要求政府以更开放的治理方式、去寻求提供公共服务的方法。[02]

1. 政府回应的概念

政府回应是政府与公众的一个互动过程，在对政府回应的研究过程中，学者们对政府回应给出了不同的定义。其中，行政管理学者格罗弗·斯塔林曾在他的《公共部门管理》一书中对政府回应做过经典定义："回应意味着政府对民众对于政策变革的接纳和对民众要求做出的反应，并采取积极措施解决问题。在他看来，"回应"是应答、回复和把承诺转化为实践的过程，而且这一过程是通过政府对公众和公众对政府的双向互

01　[澳]欧文-E.休斯.公共管理导论[M].北京：中国人民大学出版社，2001：264—268.

02　姜晓萍.政府流程再造的基础理论与现实意义[M].中国行政管理，2006：5.

服务型政府回应力研究

动（回应）实现的。[01] 在我国，我们通常所理解的政府回应就是政府在公共管理过程中，对公众的需求和提出的问题做出积极敏感的反应和回复的过程。相应地，我国学者何祖坤在其《关注政府回应》一文中指出，政府回应，就是政府在公共管理中，对公众的需求和所提出的问题做出积极敏感的反应和回复的过程。戚攻则从政治社会学的角度给政府回应下了定义，认为政府回应是指政府在一定经济社会发展条件下，基于公众利益最大化原则对社会及公众的诉求与期望进行制度整合的一种互动过程及类型。

从上述国内外诸学者对政府回应理论的研究中，我们不难看出政府回应是一个互动的过程。在这一过程中，公民作为公共服务拥有者的地位得到了肯定，公民话语权已然成为政府回应的合法要件。政府回应实际上就是还政于民，是政府与公民之间的良好合作。政府除了为公民提供职能性的行政服务之外，还应该承担引领社会发展的政府回应，即为国家和社会提出一个长远的发展规划并设计一个宏伟蓝图，从而引领全社会为共同的目标奋斗。由此，政府回应又有广义与狭义两层含义：广义上的政府回应是责任政府意义上的政府回应。政府对其行政管理职能下的所有行政行为都必须承担相应责任，可以说政府回应是社会责任、政治责任和法律责任的集合体。我国学者张成福认为，"从最广意义上来看，政府责任是指政府能够积极地对社会民众的需求做出回应，并采取积极的措施，公正、有效

01　格罗弗·斯塔林．公共部门管理 [M]．上海译文出版社，2003：132．

第三章 服务型政府视角下的政府回应

率地实现公众的需求和利益。从这个意义上说，政府的责任意味着政府的社会回应。

综上，所谓政府回应，"就是政府在公共管理中，对公众的需求和所提出的问题做出积极敏感的反应和回复的过程"，[01] 体现在"公共管理人员和管理机构必须对公民的要求做出及时的和负责的反应，不得无故拖延或没有下文，在必要时还应当定期地、主动地向公民征询意见、解释政策和回答问题"。[02] 而政府回应力，是指政府机构及其公务员在公共管理过程中，按照公共需求及时、负责、有效的向社会公众提供公共产品和公共服务的能力。其内容构成主要包括：一是政府回应力的主体，即政府机构及其公务员是回应社会和公众需求的行为承担者。也就是说，政府回应力的主体是政府自身，其行为由具体部门及其公务员来执行。所以，政府机构及其公务员对社会和公众的公共需求必须做出及时、负责、有效的回应，不得无故拖延或有意不理；二是政府回应力的客体，即政府机构及其公务员的回应行为的对象，包括社会和公众的公共需求。由于社会和公众的公共需求具有多样性和不确定性，因而政府回应力的客体也具有多样性和不确定性；三是政府回应力的主观性，即指政府机构及其公务员对社会和公众的公共需求进行回应的主观能动性，比如政府机构及其公务员回应社会和公众的公共需求的态度是否积极、动机是否端正、时间是否及时、决策是否具有前瞻性，等等；四是政府回应力的客观性，即政府机构及其公

01 　何祖坤. 关注政府回应 [J]. 中国行政管理，2000(7).

02 　俞可平. 治理与善治 [M]. 北京：社会科学文献出版社，2000：10.

务员对社会和公众的公共需求做出的回应效果及令社会和公众的满意程度。衡量政府回应力强弱的指标主要是看政府回应力的实际效果如何以及社会和公众是否满意。政府回应效果如果可以获得特定公众的满意，又可以获得一般公众的满意，那么政府回应力是民主、高效的。

2．政府回应的层次

在政治与行政日益融合的形势下，可以将政府看作是政治领域的活动主体，简单的说，政府回应有四个基本层次。一是政府职能范围内的政府回应。这是政府回应最为基本的要求，也称为职能性回应。它是指政府在公共管理过程中对公众的社会需求和所提出的问题做出积极反应和回复的过程。针对社会各种事件，尤其是民众迫切需要解决的问题，政府部门必须及时的应对、有效的处理并在一定程度上给与解决。其特点是主要针对重要事务，要求政府立即做出反应，而不是不予理睬。政府的职能性回应是政府回应最基本的组成部分，应理解为满足需求和引导需求。二是民众需求和社会需要的政府回应，也称为政府诉求式回应。在社会发展过程中，民众往往有许多政府没有顾及但又需要政府解决的事情。这就是民众需求和社会需要的强烈诉求，政府对于这种诉求基于政府的行政职能和职责而对公众的需求给予充分的满足，并在政府力所能及的范围内予以解决，不能解决的要给与答复。这种诉求往往以现行法律及政策无法解决和处理，需要政府进行公共决策或出台新政策来处理，其本质就是让政府职能从单纯的管理向为社会和公众提供公共服务转变。三是负有责任性的政府回应，也就是政府责任性回应。它是指作为政府本身，其行政管理职能下的所有行政行为都要承担责任。所以政府回应就是政府的社会责任、政治责任、行政责任、法律责任的综合反应。政府在社会管理过程中所面临的新事物和新问题往往需要政府进行政策创新和制度创新，与公众形成互动。这种政府回应是综合责任的体现，政府的表现反应着其回应能力。四是引领社会发展式的政府回应，即更高层次上的政府回应，政府除了给社会提供正常的行政管理方案外，还应承担更加重要的社会需求的政府回应，这就是要对国家和社会发展提出一个长远的规划和设计蓝图，从而引领全社会一起为共同的目标奋斗。当今信息化时代，政府的责任更为重大，它要顺应时代浪潮，制定好大政方针，促进国家和民族健康快速的发展。

3．服务型政府回应的基本特征

"回应"即回答、应答。一个善治的政府必须是公众积极参与的政府即回应性强的政府。应该指出，政府回应是政府对于社会的回答、答应或响应，更多地是反映政府对于社会诉求的倾向性态度；政府服务，更多地是指政府为满足社会诉求而采取的措施或行动。著名学者张国庆认为现代政府的反应和应变能力要具有社会感应能力，意思是政府对公众的公共需求、社会问题及其发展趋势所具有的感受和反应能力。

当代西方法学理论方面，美国法学研究者诺内特等人提出了"回应型法"的概念，是最早用"回应型"一词来研究社会政治现象的，以区别于"压制型法"和"自治型法"，他们认为法律应该有回应性，能够对社会的各种变化做出积极回应。[01]"回应型政府"是指一种治理模式，就是政府用怎样的手段来行使社会管理职能，政府治理模式既包含着治理理念，也包含着治理制度和具体的治理方式，它们都处于动态的过程之中。[02]从本质上说，回应型政府的目标是建立起政府与社会之间稳定、可持续发展的良性互动关系。

(1) 以人为本为首要特征

政府回应的本质，就是回应公众利益，处理公共事务，解决公共问题。[03]显然，以民为本的政府，才能建立起优良的政府与社会间的关系。罗伯特·B.登哈特指出，公共行政的核心问题是，"一方面，政府机构要求在进行服务时要保持最高的效率；另一方面，公共组织是为公共利益而运作，必须反映服务对象的需求及期望"。[04]事实上，早在20世纪30年代，迪马克(M. Dimock)等公共行政学者就建议，"顾客满意标准在政府运作中的运用应当与企业中的运用一样广泛开展"。[05]

20世纪80年代，新公共管理理论学者强调，"受顾客驱使

---

01 [美]诺内特·塞尔兹尼克.转变中的法律与社会：迈向回应型法.张志铭译.北京：中国政法大学出版社，1994：18.

02 谢庆奎.政府学概论.北京：中国社会科学出版社 2005：93.

03 李伟权."互动决策"：政府公共决策回应机制建设 [J].探索，2002(3).

04 [美]罗伯特·B.登哈特.公共组织理论 [M].项龙，刘俊生译.北京：华夏出版社，2002.

05 [美]戴维·H.罗森布鲁姆，罗伯特·S.克拉夫丘克.公共行政：管理、政治和法律顾问的途径 [M].张成福等译.北京：中国人民大学出版社，2002.

第三章 服务型政府视角下的政府回应

的政府"应满足顾客的需要,而不是官僚政治的需要。[01] 新公共服务理论在批评和发展新公共管理理论的基础上,进一步提出了政府应服务于公民而不只是顾客的观点。如登哈特夫妇转述了《政府属于我们》中的提醒:我们不要忘记,政府是属于其公民的,应将公民置于首位,政府强调的重点不应放在为政府这艘航船掌舵或是划桨上,而应放在建立明显具有完整性和回应性的公共机构上。[02] 这就十分清晰地阐明:既然政府本来就是属于公民的,就必须无条件地回应社会诉求,就理应成为以民为本的回应型政府,向公民提供满意的公共产品。总之,以民为本是政府回应的最基本的价值观和动力源泉。

民主的制度性在于建立在自由、公正和平等人权基础之上的一套解决公共问题的简明程序和规则。民主将贯穿于公共行政的全过程,将会成为政府提供公共服务的重要指导价值。政府是公民权利的保护者,是社会自治的工具。政府与公民间的关系更多的是契约关系,政府的权力来自于公民的授予,政府的施政目标必须征得民众的同意,民众有权参与政府决策和执行的过程。政府回应社会和公众的公共需求是民主政府的必然反应。也就是说,政府回应性理论是民主发展的产物。增强政府回应力需要有动力的支撑,包括政府自身的内部激励和外部压力。在民主发展的公共环境下,政府公务员以其自身在政府

---

01 [美]戴维·奥斯本,特德·盖布勒.改革政府:企业精神如何改革着公营部门[M].周敦仁等译.上海:上海译文出版社,1996:119.

02 [美]珍妮特·V.登哈特,罗伯特·B.登哈特.新公共服务:服务,而不是掌舵[M].丁煌译.北京:中国人民大学出版社,2004.

内部的发展为主要激励机制，不受人民意见的直接影响。但是民主制度下的政府公务员的发展基础是人民的选择和认同，政府经费预算来自于国民税收，人民就有权利要求政府机构及其公务员遵照其意愿来管理和服务，或者修正有违民意的行政行为。实际上，政府的公共管理过程能否顺利进行，在很大的程度上取决于公众的态度和立场，也是说，政府的行为活动要以民意为基础。因此，民主行政的实质就是通过构建相应的制度和方式来回应公众的需求、满足公众的需求，从而形成具有较强回应力的民主政府。

(2) 以政府和公众互动为基本要求

按照行政生态理论，政府和民众同处于一个政治生态系统之中，互为彼此的环境，公众需要具备参与政治的能力，政府也需要适时与公众进行能量和资源的交流，只有民众和政府在回应机制中不断进行互动和协调，才能制定出真正反映民众需求的公共政策。此外，政府的自利性决定了政府不仅是公共政策制定的主体，也是一方核心利益主体，由政府主导制定的公共政策难免偏离客观公正性，夹杂着政府利益于其中。促进公众与政府的互动不仅可以增加政府公信度，促进共同利益，还能征集到更多更好的备选方案，并有效控制政府在政策执行时的自由裁量权。此外，公众参与还具有监督的功能，公众在作为政府成长的环境为其提供外部资源的同时，也严格的限制着政府行政的方式，促进政府规范自身行为。可以说公众的互动参与既是表达意愿的一种方式，也是监控政府的一种手段，因此服务型政府必须以政府和公众的互动为基础来提升政府的回应能力。

(3) 以公共利益为价值导向

政府回应的实质是及时有效的回应公众的利益，即对公共事务的处理要做到以公共利益为导向。新公共服务理论的倡导者罗伯特·登哈特教授认为，政府固然应以最高的效率为公民提供服务，但是追求公共利益才是公共行政的根本目标，而不是追求效率。政府更节约、更经济不是政府存在的理由，谋求公共利益才是政府存在的合法性基础，政府必须以此为基础充分回应人民意志。制定公共政策是政府最常用的回应方式，公共政策只有在反映公共的利益和需求时才具有合法性，因此许多学者都将公共政策的目标定位于公共利益的实现，认为公共利益是公共政策的逻辑起点和最终目的。可以说，以公共利益为导向是服务型政府回应的首要特性。

(4) 以及时回应为鲜明特征

西方新公共管理运动的核心在于：政府不再是高高在上的官僚机构，服务社会成为各国政府改革的目标。因此，回应型政府的价值目标是以满足公民的需要为其价值取向，不断提高政府的服务质量，及时、快速、有效地面对和解决各种公共问题与社会问题、更好的服务于社会。需要指出，对社会需求的回应是对社会需求的响应，但并不应将其理解为只是对社会利益要求的满足，考虑到社会需求合理表达的可能性，考虑到社会的自治度和成熟程度，回应还包括对社会需求的引导，这主要是通过意识形态的作用实现的。因此，回应的效果，应理解为满足需求和主导需求。

(5) 以合作共治为核心要求

在传统政府管理中政府主宰公共事务管理，政府之外的组织和公众是被动接受者。公共治理理论认为公众、社会作为公共事务管理的主体，应参与到政府治理过程当中，形成"政府—社会"间"回应—参与"的良性互动，实现公共利益最大化。在"政府—社会"的关系中，回应型政府认为政府职能的实现，离不开政府与社会间的合作共治。俞可平强调：一方面，建立在政府与社会积极而有成效的合作基础上的政治权威，有利于形成政府对社会积极、稳定、有效的回应机制，从而能更好的回应社会和公众的需求；另一方面，强调政府与社会间的合作共治，不能忽视政府不可替代的作用。回应型政府职能的实现，离不开政府和社会两个主体共同发挥作用。

四、政府回应的理论基础

1. 公共治理理论中的回应

治理更多地是一个社会作用日益明显、社会力量自下而上影响政府，不再像过去那样单向度地依靠自上而下的政府安排，而主要通过政府与社会间的合作、协商，共同对社会公共事务进行管理。[01]这种自上而下和自下而上相结合的政府权力运行向度，凸显了社会在治理过程中的重要作用。虽然治理理论还不很成熟，其基本概念也还比较模糊，但它十分清晰地赋予了治

01　俞可平.全球治理引论 [J]. 马克思主义与现实，2002(1).

第三章　服务型政府视角下的政府回应

理 (governance) 与统治 (government) 的不同涵义。如果说传统政府理论认为政府是社会管理的主体，自上而下的统治是政府管理社会的主要方式的话，那么，公共治理理论的主要发展则是强调了治理主体的多元化。在治理过程中，政府与社会、政府机构与非政府组织、公共机构与私人机构间具有合作的可能性及其双向互动、相互影响的必要性。公共治理理论的创始人之一、美国学者罗西瑙在其代表作《没有政府的治理》和《21世纪的治理》等著述中，把治理定义为一系列活动领域的管理机制，它们虽未得到正式授权，却能有效发挥作用。他强调，与统治不同，治理指的是一种由共同的目标支持的活动，这些管理活动无须依靠国家强制力来实现，其主体也未必是政府。之后，有关治理的论述不一而足，大多论述了相似的思想。总之，从根本上说，公共治理理论，其实就是研究新的社会历史条件下，政府如何与社会合作，共同治理或共同解决公共问题，以达到治理的良好状态，即"善治"。善治，是公共治理的目标。"回应性越大，善治的程度也就越高。"[01]回应，是善治的基本要素。没有对政府回应性问题的研究，就难以研究善治问题；政府回应力就是研究如何在不断提高并确保政府回应社会的自觉性、稳定性、有效性、可持续性的基础上，实现政府的善治。

2．新公共管理理论中的回应

新公共管理理论和新公共服务理论，同样是研究政府回应力问题的理论指导。新公共管理运动以来，尤其是近10多年来，

01　俞可平主编．全球化：全球治理 [M]．北京：社会科学文献出版社，2003．

服务型政府回应力研究

在有关政府回应社会的问题上，无论是新公共管理理论，还是新公共服务理论，虽然具体观点不尽一致，但就通过改革、建设全方位服务或回应社会的责任政府这一点上是一致的。美国学者奥斯本等人提出新公共管理理论时概括的政府再造的十个方面，其中一条就是，要建设"顾客驱使的政府(customer-driven government)——满足顾客而不是官僚制度的需要"。虽然其中的企业化政府改革原则有其局限并受到了批评，但其"顾客驱使的政府"的理念，蕴含了对政府正确、及时回应社会的要求。[01] 相对于政府而言，新公共服务理论则更进一步。总之，较之于传统的政府理论，无论是新公共管理理论，还是新公共服务理论，与公共治理理论都有一个重要共识：政府不应是权力的惟一所有者，而应在与社会的互动中，创造机会或条件，将公民个体利益，整合成社会公共利益，并完整地加以回应。

虽然新公共管理理论解决了回应滞后、低效的问题，但是却无法在公共利益和公民利益之间做出统一的理解，也没有对回应视野中公民角色有一个规范的合理解释。而其对管理结果的过度关注所导致现实、短期利益对于长远根本利益的替换，又使政府回应体制陷入价值沦丧的危机之中。与此同时，随着对新公共管理理论的批判以及公民权理论的复兴，公民作为公共服务的"用者"和"所有者"角色的地位得到了肯定，《政府是我们的》一书中提醒我们：政府属于它的公民。

01　卢坤建. 回应型政府：理论基础、内涵与特征学术研究 [J]，2009(7).

第三章　服务型政府视角下的政府回应

3．新公共服务理论中的回应

新公共服务理论认为，政府的作用主要在于服务，在于实现社会公共利益的最大化。服务于公民，重视公民权和人的价值。新公共服务重新定位了政府和公务员的角色——服务而非掌舵，同时，罗伯特·B.登哈特夫妇在《新公共服务：服务，而不是掌舵》一书中指出，政府在处理公共事务时，应将公众置于首位，重点不应当放在为这艘船掌舵或是划桨上，而应该放在建立明显具有完整性和回应性的公共机构上。[01] 这实际上表明服务包含了回应，回应是服务行政的重要组成部分。"我们所服务的公民是我们的主人，在回应主人时，我们认识到每一个主人都对我们的所作所为有利害关系，并且所有主人的指导和参与都是需要的和适当的。"政府的作用应更多地体现在把人们聚集到能无拘无束、真诚地进行对话的环境中，阐述和表达自己的利益诉求，共商社会应该选择的发展方向。在一个注重公众和社会需求，并要求公民参与公共政策制定的服务型政府中，政府的职责不再是用政府的主观意愿去代替公众的实际需求，而是使政府服务的根据来源于公众的需求，并对其作出及时的回应。

登哈特认为，政府应该"服务于公民，而不是服务于顾客"，主张维护和发展公民权，认为公共服务就是公民权的扩大部分，强调公民参与对治理的重要影响。同时，他还极力主张

01　[美]罗伯特·B.登哈特，珍姚特·V.登哈特.新公共服务：服务而不是掌舵 [M]. 北京：中国人民大学出版社，2004：41.

服务型政府回应力研究

公民应该积极并且真正地参与公共政策的制定，因为公民参与能够保证公民权的实现，通过实际的参与过程能使个人成为自己的主人，并从参与中得以控制自己的生活环境。应该说，参与能够促进公民意识的觉醒，提升公民的公共责任感。新公共服务认为行政官员要有一种关心和参与的态度，负有倾听公民声音并对其话语做出回应的责任，应创造能够互相学习的对话和参与环境，促进公民参与政策制定或公共管理活动。回应实质上体现的是作为公民自身的公共权利。

综上所述，政府回应理论伴随着公共行政的发展进入了一个全新的治理时代，其特征就在于政府和公民社会之间共同拥有公共事务的治理权威，共同追求善治的目标——公共利益实质性的实现，其本质上是公共管理权力之于社会的回归。治理弥补了政治、行政的鸿沟，它意味着"各种公共利益的或者私人的个人和机构管理其共同事务的诸多方式的总和，它是相互冲突和不同的利益得以调合并采取联合行动的持续的过程"。[01]政府回应的理论呼唤从政府向公民中心化的转移和政府与公民之间服务关系的确立。由此，民主治理型回应就理应成为公共行政"公众回应性"的主导承载模式，它是政府对于依靠自身信息、技术和诚信优势通过与公民之间善意的对话交流和教导所引领出的公民理性意志和利益的反应和回复过程。政府回应自此将不再是一个政府垄断的单方面作为：首先，它在与公民之间积极善意的对话中，确立和承接了来源于公民利益升华的

01　卢坤建.回应型政府：理论基础、内涵与特征学术研究 [J]，2009(7).

真实的公共利益，避免了回应的非理性短期效应。其次，公民作为公共服务拥有者地位的确立，是回应的责任体系摆脱了之于政治的间接性和市场的片面性，对公民直接负责、增强了回应的真实感和效度。可以说，政府的回应实现了对于公共行政"公共性"的回归。

五、政府回应的不同模式

回应是建立在国家与社会二元互动的理论框架下的。回应指的是政治领域对社会领域的响应。社会的需求是多方面的，包括政治需求、价值需求、文化需求和经济需求，各种需求并不都是一致的，对需求的回应是对利益的选择与整合，但并不是所有的需求都是需要政府回应的，社会需求以社会整合的方式无法进行利益整合，或社会整合成本大于制度整合成本时就需要政府对此类需求回应。

从"传统官僚行政"到"现代民主行政"更是把政府回应性提到了一个高度。传统的公共行政对公共行政生活的根本价值、目的、伦理缺乏从系统的高度进行反省，单纯追求行政效率，反而缺乏效率。所以 1970 年代以来，各国的行政改革开始下放权力，加强公众参与，以人民意愿作为政策选择的最终标准，通过这些价值观念的转换，建立"民主行政"的模式，从而实现公共行政的宗旨和目标。在民主行政的政府管理模式中，政府管理过程不仅仅是为了权利自主性扩张和能力展现的过程，更多的表现出政府与社会、政府与公众之间互动的过程，也就是说，政府"行政权力的运作不仅取决于自身的强制性、支

服务型政府回应力研究

配性和惩罚性，在某种意义上还取决于相对人及社会公众的同意"。[01]公共行政只有建立在民主政治的基础上，才能够取得"最大程度的同意"；而只有实现了民主行政的管理模式，公众利益意志表达的机制才能够建立。现代意义上的政府回应就是作为公共管理主体的政府之与非政治整合的公民意愿和利益诉求的反应及其相应予以回复的过程和作为。但公共行政"公众回应性"的实现在不同的知识背景和公共行政范式中，也有着不同的模式载体和各自的理论假设和内涵。

对政府回应的主导模型的研究大概经历了以下三个阶段："行政管制型"政府回应、"服务市场型"政府回应、"民主治理型"政府回应。

1. "行政管制"型回应

"行政管制"型回应是在政府和公民之间管制关系的纬度下得以确立，以传统公共行政学为知识背景的政府回应模式。它接受了公共利益从政治层面上加以完整界定之后，以工具理性为本质特征的公共行政之于公共利益实现最大化保障的推论。"回应意味着政府对民众对于政策变革的接纳和对民众要求做出超一般的反映行为"。管制型政府回应的功能就在于消化民意以应付政策回馈，弥补政策过失，确保高效、经济的落实政治意志。在这种类型的政府回应下，公民的意愿和利益申诉被看成为"闲杂事务"与"分外之事"而尽量予以回避。尽管政府

---

01 谭亦玲. 浅析政府回应性及中国政府回应面临的挑战. 兰州：社科纵横. 2004(2)：37.

第三章　服务型政府视角下的政府回应

回应在管制视野的统御下，在理论和实际层面都处于边缘地位，但政府却无法否认自身"公众回应性"作为的存在。首先，"由于代议民主在转达公众对政策期望上并不完整"，[01] 这就使得政府回应仍然有存在的政治空间。其次，在工具理性的公共行政活动中，仍然存在大量的自由裁量现象。尽管自由裁量因权力不同而有所变化，但是组织上下都在使用它。那些直接与公众打交道的人更时不时地运用大量的自由裁量权。所以，传统的观点承认政府回应的存在，只不过是把它看成"以牺牲专业效率为代价的必要邪恶；至少体现了政治权宜之计"。

归纳起来，管制型政府回应有以下几个特征：

第一，作为主、客体的"错位安排"。政府回应理当以"公共性"为自身行为的核心特征以公共利益为主导价值方向。但是，理性主义公共利益理论的传统所信奉的，是经由政治抽象的"公意"实现的保障意义；作为回应主体的官僚牢牢的以技术、信息优势占据着回应关系的核心位置，而真实的公民利益和意志却很少在行政决策和执行过程中被加以关注。

第二，政府回应的"规范化"。当政府公共管理过程中面临公民希望个人方面的、人格化的正当利益诉求时，基于官僚制的传统，政府回应主观期望和现实接受的仍然是来自相对官僚体制上层对于民意的重新整合、规范和些许创新的解释。这种正规而非人格化的回应特征对回应关系主、客体之间都构成了不同程度的遏制和压抑。

01　[美]盖伊·彼得斯.政府未来的治理模式[M].北京：人民大学出版社，2001：68.

第三，"意见箱"式反馈控制的管理过程。在这种回应过程中，回应的逻辑起点是政府信息传递的单向关系；政府回应更多的是发挥了意见箱的作用—收集政策和管制过程中出现的异己意志和诉求意愿，最终形成修补原有决策和管理活动的潜在的可能性建议。行政过程之于公共利益的前馈交流和事中调试，是管制回应考量之外的事物。

2."市场服务"型回应

正如公共行政理论给予解释政府所面临的信任危机、管理危机、财政危机的困惑所形成的对于传统官僚制理论的扬弃，在回归市场价值和工商管理经验的基础上，以管理效果为主导价值观的新公共管理主义作为知识背景，"市场服务型"逐渐成为政府回应的主导承载模式，它是在政府和公民之间"企业家—顾客"关系维度下得以成立的。此时，回应意味着政府对作为顾客和消费者的特定公民所表达的特殊偏好和利益诉求的有效及时反映和加以满足的作为。经济学和私营部门管理主义作为新公共管理的理论基础，为政府回应提供了有效转型的知识基础和理论指导。首先，理性经纪人假设，将公共利益的承担主体从整体性的公民化解为个体的顾客或者消费者，从而做出了有效的市场竞争和消费者主导选择对于公共利益促进作用的主观判断，这使得政府回应接受了"追求最优化策略的自利的个人要求适当的决策规则或者决策安排来处理不同结构的事

第三章 服务型政府视角下的政府回应

物"[01]的判断，政府回应开始具备针对个案化、特殊性需求的行为特征。其次，分权治理改革又带动了以"流程再造"为标志的公共服务的流程重构，这为直接有效回应顾客的需求突破了等级制的组织过程樊篱。最后，管理主义对绩效结果的关注推动了绩效预算制度对于现行预算制度的普遍替换。这使的公共服务的效能成为政府利益的决定性因素，从而促进行政主体对自身顾客关系的关注和回应能力的提高，确立了"顾客驱动型政府，满足顾客的需要，而不是满足官僚机构需要"的回应理念。市场服务型回应的主要特征为：

第一，关注个体利益的行为导向。顾客对公民身份角色替换，使市场型回应具备了直接面对公民利益诉求的行为正当性，也使的政府回应的责任机制增添了对顾客负责的内涵。在此模式中，回应是围绕不同顾客或者不同时期的需求贯穿始终的，通过对顾客需求的有效反应和回复，公共服务得以提升自身的质量和效能，同时也获得了自我利益增长的前提。第二，回应过程的交易性。作为消费者的公民，"个人被假定为自身利益的最佳决定者，他们有能力确定自己对特定商品或服务的需求量的多寡以及他们为此付出的代价。"[02]市场型的回应实现了对于个别公民或者特定群体的特定利益诉求的直接高效地反映和回复。

第三，回应服务的垄断性。市场型回应关注顾客的现实需求，但是否认服务内容的顾客界定权，留给公民的是作为消费

01　[美] 文森特·奥斯特罗姆. 美国公共行政思想危机 [M]. 上海：上海三联书店分店，1999：6.

02　[澳] 欧文·休斯. 公共管理导论 [M]. 北京：中国人民大学出版社，2001：111.

服务型政府回应力研究

者回应服务的自由选择权；回应服务是以公民自身消费能力为基础，在众多不同层次的公共服务选择机会中理性选择的结果。

3."民主治理"型回应

市场回应以公共利益作为个体利益聚集的假设和"企业—顾客"的角色关系认同，实现了政府回应的积极作为和回应视野中公民利益的复活。这种本质上从非政治化到去政治化的转变路径，虽然解决了回应的滞后、低效问题，但他仍然无法在公共利益和公民利益之间作出统一的理解，也没有对回应视野中公民角色有一个规范的合理解释。实践中，市场回应型中的顾客角色假设显然无法有效面对和满足少数群体、弱势群体的意志和利益要求；而对于管理结果的过度关注所导致现实、短期利益对于长远根本利益的替换，又使政府回应体制陷入价值沦丧的危机中，无法自拔。理论和现实的压力预示着政府回应模式的转型。民主行政对于政府回应的未来主导模式的转型提供了理论背景基础。

第一，几乎与"政府再造"运动同时期兴起的"黑堡宣言"，以公共性作为公共行政合法性根源，引起了"重建公共行政"的学术思索。"黑堡学者"们以公共利益的实质描述了政府在公共事务治理中的角色定位，其中"扮演少数人的角色，以其专业判断追求公共利益的大成，而非盲目的回应多数人的不当要求；扮演平衡的角色，回应组织外环境的要求兼顾对专业的责任；为公共利益的目标扮演分析者与教育者的角

第三章　服务型政府视角下的政府回应

色"[01]的系列主张为政府回应提供了不同的角色定位和功能描述。

第二，公民权理论的复兴不仅肯定了公民作为公共服务的"用者"和"所有者"角色，而且还赋予了公务人员作为职业公民的非官僚化的角色特征，库伯就认为"公民角色是认识公共行政官员角色的基础"。登哈特夫妇则在政府回应和公民之间的关系上一步指出"我们所服务的公民是我们的主人。在回应主人的时候，我们认识到每一个人对我们的作为有利害关系，并且所有主人的指导和参与都是需要和适当的，我们不仅关注每一个人的自身利益，而且必须要就更大的公共利益来进行持续的对话"。[02]

第三，后现代公共行政对话理论也为政府回应的转型提供了具有时代特色的行政哲学基础。福克斯和米勒在《后现代公共行政—话语指向》中指出，"在官僚机构中，鲁莽社会的行动领域要被合理组织的行动领域所取代，对层级指挥程序的服从取代了与他人移情关系，在独白式的沟通中，没有任何互动，没有任何机会从言语上努力界定问题界定应该就此问题所采取的措施。"换句话说，后现代公共行政学者主张以"对话"理念来替换以往的客观测量和理性分析，力图将公共行政推向一个开诚布公的，通过公民共享的话语交流来界定问题、解决问题，导向真正公共利益实现的新局面。

01　李图强．现代公共行政中的公民参与 [M]．北京：经济管理出版社，2004：126.

02　[美] 珍妮特·V. 登哈特，罗伯特·B. 登哈特．新公共服务—服务，而不是掌舵 [M]．北京：中国人民大学出版社，2004：166.

六、政府回应力建设中取得的成绩

随着善治理念的深入，政府已开始对公众的价值期待给予了越来越多的尊重和理解。在实践方面从中央到地方的各级政府做了大量有益探索，通过努力使我国的回应机制建设取得了一定的成绩。

1. 回应环境的改善

在实践中，基层政府积极摸索和改善回应的公共环境，是增进基层政府回应性的基本条件，有力地促进了基层政府回应力的增强。回应环境的改善，主要是：第一，政府决策方式的变化。政府决策从个人决策向集体决策转变，甚至向广泛民主决策转变，体现了现代民主行政的发展过程，使政府从不透明走向透明、从封闭走向开放，从而提高了政府的合法性和公信力，促进了政府与公众之间的互动，反映了当代社会的进步、政治的民主和舆论的开放。第二，公众权利得到扩大和维护。公众参与政治的自由度不断扩大，意愿表达的空间也在不断扩大。一方面，公众权利得到了基本尊重，比如户籍制度不再像以前那样受到严格管制，社会的自由流动和公民人身权利获得了基本保障；另一方面，公众维权意识增强，社会中介组织日益发展，推动了公民社会的形成和发展。社会公众的权利表达和意愿要求，已成为增强政府回应力的不可忽视的外部环境。第三，基层民主和社区建设取得的进步。基层民主和社区建设获得的积极成果，为增进政府回应性提供了基础和平台，给增

第三章　服务型政府视角下的政府回应

强政府回应力带来了激励和动力。随着基层民主和社区建设的发展，民众参与的作用日益凸显，不再是以前的无所作为，而是积极地影响着基层政府的行政方式及其相关行为。第四，民众参与渠道的扩宽。随着现代通讯和网络技术的发展，增加了民众参与政府行政过程的渠道，公众以自身的力量来影响政府的行为活动成为了可能，使社会舆论监督进入了新的阶段。如媒体披露"孙志刚事件"后，网络的舆论发挥了极其重要的推动作用，引起了社会公众的极大关注。社会舆论反映了强烈的民意，使得政府做出积极回应，宣布废止《城市流浪乞讨人员收容遣送办法》，改为施行体现以人为本的《城市生活无着的流浪乞讨人员救助管理办法》。

2．回应制度的创新

(1) 发展阶段

我国历来以政策回应作为政府回应的主要方式，从建国起我国政府在机构设置过程中就包含了政府回应的制度内容，但是所起的作用有限，原因在于这种回应是从政府出发，由上而下进行的单向的回应，并未全面考虑社会民主的意愿，也未形成政府与民众之间的沟通，因而做出的政策决策等不免出现偏差，回应失效。该阶段也是政府公共决策回应机制的建设阶段，表现为新制度的确立与回应载体的建设。政府网站的建立是回应载体建设的重要成果，政府网站通过不断更新内容与功能，在发布信息、政务公开和民意反馈等方面的功能日益凸显，不仅公务人员可以通过网络及时了解民情民意，提高政务处理效

服务型政府回应力研究

率，而且有利于公众对政府工作进行监督，让一切在阳光下运行，减少寻租腐败事件的发生。另外，该阶段政府也开始重视从法律法规和制度层面对政府回应性进行完善，这是一项具有基础性意义的努力，具体包括政治决策参与的法规化，听证制度的确立，复决制度的完善，决策责任机制以及科学决策系统的政府回应网络建设，这些工作已经开展。

(2) 制度创新阶段

该阶段约起始于 2000 年前后，尤其是最近几年，我国各级人大和政府各部门在加强政府回应机制建设方面做了很多努力，推出了一批制度和措施，使得政府回应能力相比以前有所增强。例如，改革开放三十年我国各项事业取得了明显发展，物质财富的积累不断增加，但是前一阶段我们更加关注效率，在收入分配方面公平性原则体现不足，社会利益矛盾也日益凸显。自郎咸平发起国有企业产权改革争论以来，社会各界关于改革争论的余波一直未平，回应此种争论，中央政府一方面明确表示坚持改革开放不动摇，另一方面提出要推进新时期的收入分配改革思想，更加重视公平。

政府在积极改善回应环境的同时，在实践中也不断地创新政府回应制度，主要有政府承诺制、政府公示制、征求意见制度、听证制度、政务公开制度 (包括 " 政务公开 "、" 司法公开 "、" 警务公开 "、" 税务公开 ")、政府热线、领导接待日、电子政务等等，这些政府回应制度的创新，提高了政府的透明度和公信力，扩大了公民的知情权和参与权，有力地推动了政府与民众之间的互动，从而增强了基层政府回应力。

第三章　服务型政府视角下的政府回应

(3) 公共决策互动的回应机制

该阶段政府在政府回应方面的明显转变是把决策思想由"为民决策"转变为"共同决策",从而形成一个互动的公共决策回应机制。如 1989 年深圳市首推的"听证制度",1996 年开始在部分地区行政处罚、价格调整、立法决策等多个领域推行。1994 年烟台市建委推出的决策承诺制度,1995 年开始在地方政府推行。1996 年沈阳市推出的公示制度,目前已被纳入《党政领导干部选拔任用工作条例》。1999 年北京市推出的政府上网工程和现在的电子政务工程在全国已全面启动,市(区)长热线、地方政府新闻发言人制度、地方政府领导与网友对话等制度已在全国各地迅速发展起来。2001 年重庆市首推的引咎辞职制度,已被纳入《公务员法》和《党政领导干部选拔任用工作条例》。

3．回应载体的发展

随着信息技术的日益发展,建设电子政府已是大势所趋。2006 年 1 月 1 日,中央人民政府门户网站正式开通,标志着我国政府网站层级体系的架构已经基本形成。目前,我国各级政府的网站拥有率已经超过 90%,在此基础上商务部、交通部和上海、北京等政府网站建设领先的地区和部门已开始重视层级体系间的联系,门户网站和各电子网站之间资源整合的力度加大,信息发布的及时性和准确性进一步提高,促进了网站服务水平大幅度提升。此外电子政府在服务上向深层发展,不少政府网站建设在事物处理和反应社情民意方面有了重大突破,推动电子政务服务向协同、互动方向发展,比如国家发展和改革委员会在网站上开辟专栏征集医改方案，社会民意对此反应热烈。不少地方政府开办了市长信箱等，提高了政府对群众意见的反应能力。为提高电子政务的普及应用水平，近年来各级政府在继续加强政府网站建设的同时，还综合运用电话、传真、电视等手段打造一体化电子政务服务平台，提高了电子政务服务惠及全民的能力。以四川省巴中市巴州区白庙乡政府为例。2010 年 1 月，白庙乡政府在网上公开财务开支明细表，包括接待费等在内的"三公"类开支明细、员工工资补贴、乡长和书记的工资单，其中招待费占总体开支的 65％以上。乡领导之初还担心会引起社会不稳定，然而网上晒支出之举，迅速得到了社会公众的极大关注和认可，对政府提高透明度的行政方式大加赞赏，因为实行公开的目的是吸引投资和项目，提高信用，发展白庙乡。这说明，基层政府公开财务支出，有利于提升其合法性和公信力，也有利于社会稳定和发展。另外，贫困且未受到过多少教育的白庙乡民众的热情参与，表明了参与性民主在基层落后地区也是行得通的，也就是说，基层政府的民主行政得到了进一步发展，有助于增强基层政府回应力。应该说，许多回应性制度在实施中在影响政府决策、保障公众利益、倡导民众的参政意识等方面已经发挥了一定程度的积极作用。

从总体来看，我国政府目前正在从加强对政府的监督、提高公务人员素质、推进民主进程等多个方面作出积极努力来提高政府回应能力，具体举措包括承诺制、公示制、听证制度、政务公开制、行政质询制度和国家相关部门的新闻发言人制度等。这些实践对促进行政工作透明化、提高公众参与公共事务

第三章　服务型政府视角下的政府回应

的热情起到了促进作用。

政府在不断改善回应环境和创新回应制度的同时，也在持续地发展回应载体，使传统回应载体和现代回应载体相结合，进一步地增强了基层政府回应力。首先，传统回应载体依然是增强基层政府回应力的重要组成部分，其方式主要有：第一，政府调研和统计调查。政府调研主要是通过政府公务员走进基层民众中进行调查，收集民众对政府的社会管理和公共服务存在的问题的意见及建议，针对信息发馈，及时加以处理。也就是说，政府与民众可以当面地进行互动交流，政府工作人员也可以现场解决和处理民众的难题。统计调查主要是由统计部门进行调查统计，综合反映公共服务的现状和效果。通过对社会各种公共事务进行具体详细的调查和分析，反映出社会的实际情况，统计出实际的数据，使政府能够及时发现新问题和新情况，并可以迅速地做出回应。

第二，政府借助媒体回应。社会媒体是政府回应的重要渠道。政府通过广播、电视、报纸杂志等新闻媒体发布政府的社会管理和公共服务的有关政策措施，而社会媒体根据社会的各种需求和公众的意愿表达进行及时报道，成为政府与社会、政府与公众的舆论渠道。政府通过借助媒体舆论渠道收集信息反馈，可以及时了解和回应社会需求以及公众意愿。第三，政府建立回应机构。政府通过建立相应的回应机构，可以增强政府自身的回应力。如设立信访局，这是现阶段政府回应公众诉求的有效又有作为的重要机构。它通过把公众需要解决的各种诉求及其有关情况转送给相应的政府部门进行处理和回应，从而为公众提供专门的政府回应机构。事实证明，政府建立具有专职职能的回应机构，可以多方面地及时、有效地满足社会公众的诉求。另外，现代回应载体正日益发展成为增强基层政府回应力的主要方式。现代回应载体主要是指电子政务，即政府上网。基层政府已逐步建立起自身网站，不断地完善政务公开、业务处理、民意回馈等方面的内容和功能。在公共管理过程中，政府充分利用先进的信息技术和网络技术推动公众的有效参与和增强政府回应力已是大势所趋，但是，基层政府的电子政务总体发展还处在低级水平上，政府与公众之间的实质性互动尚未实现。在实践中，基层政府的回应载体还主要是传统方式，现代电子政务的回应载体承担的职能还并不充分。

第四章　提升服务型政府回应力的现实意义

一、社会主义和谐社会的内在要求

构建社会主义和谐社会是一个庞大而复杂的系统工程，它涵盖了经济政治社会文化建设的众多方面，不仅需要全社会各阶层人民的共同努力，而且更需要政府在其中扮演指引、团结社会大众的主导角色。政府如何转变职能，改进效率，迎合公众，适应全球化时代的巨大变化是构建和谐社会大背景下的政府改革所面临的重要课题。和谐社会所要求的民主法治，公平正义，诚信友爱，充满活力，安定有序，人与自然和谐相处为政府回应机制建设提供了理论支撑。

第一，追求迅速、准确而有效的回应，不断扩大社会参与力度，形成政府与社会公众互动、多元管理主体的格局。这些精神是以民主做为首要条件，即民主政治是政府回应良性运作的必然要求，民主政治的健康发展能够促进政府回应性的增强，政府回应力度的强化又反作用于民主政治的更加完善。尊重社会公平，认同社会各阶层利益主体平等，提供相同质量的回应是回应型政府关注并尽力满足社会主体多样化的需求的现实取向，它体现了政府是在追求真正意义上的实质公平，而不仅仅是形式上公平对待。

第二，政府回应机制的建设和监督又是以健全的法制和强大的法治为后盾的。政府与社会公众在法律面前具有相同的地位，用法制来约束和监督政府的回应行为，只有在法治的前提保障下，政府处理社会公共事务的权力与义务，才能得到规范与约束，进而才能进一步确保政府对于社会公众利益诉求能够做出合法回应。另外，政府回应要求尽可能的满足社会不同人群的各种个性化的需求。

二、适应信息时代挑战的需要

20 世纪 90 年代以来，以数字化、网络化、集成性为特征的信息化浪潮席卷全球，并渗透到人类社会生活、政治生活和经济生活的各个方面，从而把知识从经济增长的边缘地位提升到主导地位，进而把知识经济推向人类活动的前台。知识经济初露端倪之时，便以前所未有的速度和能量冲击、改变和重塑着人类社会生活的各个方面。中国互联网络信息中心 (CNNIC) 发布的《第 31 次中国互联网络发展状况统计报告》显示，截至 2012 年 12 月底，我国网民规模达 5.64 亿，手机网民规模为 4.2 亿，网民中使用手机上网的人群占比由上年底的 69.3% 提升至

74.5%。互联网监测研究平台 DCCI 发布的《2012 中国微博蓝皮书》称，经过 5 年的培育，微博用户总量约为 3.27 亿。

1．信息时代发展带来的挑战

信息化带给政府的挑战是多方面的，一是信息化将影响到政府的组织结构，信息传导的便利使中间层级的信息传递功能在很大程度上成为多余。二是信息化使个人接收信息的能力大大增强，人们的个性化选择要求更高，政府面临民主参与的压力。三是信息化时代社会变迁迅速，要求政府具有灵活的体制和保持对公民要求和环境变化较高的回应性。四是信息化将根本改变政府的信息沟通系统，从而改变政府的权力运行机制、决策机制。五是信息化时代对政府运行的经济性、效率和效果提出了更高的要求。可以看出，这些挑战与政府回应的理念是一致的。要提升政府的回应力应当从社会本位的立场出发，主张政府贴近民众，积极回应民众要求，倡导公民参与，高效服务大众。与此同时，信息化为政府回应力的建立提供了充分的技术支持。信息化特别是互联网络为政府和公民之间的沟通提供了便利。因为，电子化政府的建立为政府机构公开自身工作提供了一个方便、有效、快捷的载体。电子选举、电子公民投票、电子民意调查等为公众表达意愿提供新的渠道。许多政府公共服务可通过网络完成，极大地简化了原来的手续和步骤，提高了行政效率。

2. 信息时代发展带来的机遇

传统的政府回应社会局限于政府垄断大量的社会发展的相关信息，而公众对此类信息的获得难度很大，社会群众的信息获取渠道狭窄，信息资源少，造成了向政府表达自身利益意愿的机会渺小，政府由于各方面的原因，更多的是采取主动调查，发放问卷等形式来了解社会情况，不利于掌握全面而真实的代表最广大人民的利益诉求。而信息时代的加快发展将此类问题逐步排除，公民获得信息不仅在总量上得到增加，更多的是类型多样化的增长，政府在处理日益复杂的海量信息的同时，还要筛选出那些具有代表性典型性的利益要求并加以满足。这就要求政府首要做到回应社会，然后根据社会回应的内容，制定出相应的政策。信息时代的发展不仅给政府提出了严峻的挑战同时也带来了建设并增强政府回应的前所未有的机遇。首先，信息在政府部门内传递的更加迅速和快捷，大大减少了中间层级转递的工作需要，根本上改变了原有的政府信息沟通系统。再者，公民个人接受各方信息的能力大为增强，不再闭塞的环境使人们在接受到信息后，产生出更多的个性化需求，这些需求将在一定程度上与公共政策相关联。为适应信息时代给政府带来的新挑战，政府必须改变以往传统的社会管理观念，要与社会多沟通，及时沟通，及时发现问题并及时解决，改革和创造出更多新型的了解民众意愿的方式和方法，致力于改革政策决策体制，采用灵活多样的回应方式，降低政府运行成本，提高政府服务工作效率等来保证政府与社会回应力度的增加。

李永刚认为，在网络时代，信息隔膜可能会导致政府了解民众需求的能力不足，政府的服务水准达不到期待的高度等。而信息时代的到来，给政府管理者带来新的要求。从"微博开房"到官员"艳照"到"房姐"的热点事件，可以看出，信息化的飞速发展为政府治理赋予了新的内涵，它的产生改变着公众的社会生活和政治参与方式，因此，政府应面向新的时代条件和社会生活的新变化，推行电子政务，降低政务成本，实行适度的透明行政，积极有效的回应信息化时代的公共治理，建立积极的互动回应机制。

三、城市化进程协调发展的必然要求

城市是现代文明的显著标志，是我国政治、经济、科技、教育、文化等的中心，也是社会先进生产力体现的平台，它集中体现了国家的综合实力、政府的管理能力和市场的竞争能力。2025 年，全世界将有超过 62％的人生活在城市里。人们预测，那时的世界人口会有 80 亿，而其中城市人口就有 50 亿，21 世纪，肯定是一个城市化的世纪。斯蒂格列茨作为 2001 年诺贝尔经济奖获得者提出，新世纪中国面临的三大挑战之中，中国的城市化居于首位。他指出："中国进行城市化将会是各个区域经济增长的火车头，并产生着最重要的经济利益。"[01]2011 年 12 月，中国社会科学院发布《2012 年中国社会形势分析与预测》蓝皮书，相关人士披露，2011 年中国历史上第一次出现城市人

01　顾朝林著．城市化 [M].北京：科学出版社，2009：1.

口超过乡村人口，城市化水平超过 50%。这标志着中国数千年来以农村人口为主的城乡人口结构发生了逆转，是中国现代化进程中的一件大事。[01]

城市化，或称城镇化、都市化，是人类社会历史过程中社会生产力发展到一定阶段后出现的变传统落后的乡村社会为现代先进的城市社会的自然历史过程。它是一个国家和地区经济社会现代化程度的重要标志。城市化这个词来源于英文中 urbanization。城市化这一词的出现，至今为止已经有 100 多年的历史。然而因为关于城市化的研究具有多学科性及复杂性，城市化内涵的界定，众说纷纭。最早期冯瑞兰提出，城市化也就是农村变为城市、农民变为市民这一过程，它是社会发展的必然结果。而李路路则在一定程度上不断发展了城市化的概念，他进一步总结出，城市化是一个国家或者社会人口从农村向城市的迁移，城市人口占总人口数量的比重成为了衡量城市化水平的标志。他指出推进城市化进程的重要源泉是农村人口转移。郭书田、刘纯彬进一步完善城市化，即指人口不断向城市或者城市地带集中，也就是从农业人口向非农业人口、乡村人口向城市人口的集中的过程。还有一些学者强调了资本、土地、劳动等生产要素集中的重要性。[02]如辜胜阻等把"城市化"定义为是伴随着工业化进程而出现的"社会、经济结构的转变"，这一变化主要体现在"人口、资本、市场、非农产业从分散的农村向城市集中的过程"。通过比较归纳可以发现城市化的内涵是

01　http://www.csstoday.net/Item/9551.aspx

02　郭书田、刘纯彬.失衡中国[M].河北人民出版社，1990.

第四章　提升服务型政府回应力的现实意义

基本一致的：即城市化是一个国家或地区中人口从农村向城市迁移、农村地区逐渐转变为城市地区、且城市人口不断增长的过程；在该过程当中，城市的基础设施与公共服务设施也不断提高，同时城市价值观念与城市文化逐渐成为主体，并不断扩散向农村地区，另外农村中城市特质的增加也属于城市化范畴。城市化就是由于生产力进步所导致的人们的生产方式与生活方式及其价值观念的转变过程。它的本质就是把更多的农民吸纳到城市社会当中来，人的城市化才是真正意义上的城市化。

罗西在社会科学辞典中采用一种综合观点给城市化下的定义是：城市化一词有四个方面的含义：一是城市中心对农村腹地影响的传播过程；二是全社会人口逐步接受城市文化的过程；三是人口集中的过程，包括集中点的增加和每个集中点的扩大；四是城市人口占全社会人口比例的提高过程。[01] 城市化的内涵十分丰富，主要包括以下几个方面：

1. 人口城市化

指农村人口向城市集中，城市人口数目不断增加，城市人口占总人口中的比例逐渐提高。人口城市化是城市化的一个重要标志和衡量标准，也是城市化的一个重要表现形式，许多学者把对人口城市化的研究作为研究城市化的突破口和主要内容。因为人是文化的载体，农村剩余劳动力的转移和人口在地域内的大量聚集是城市化的重要前提，在人口聚集基础上形成的第

01　高珮义．中外城市化比较研究（增订版）[M]．天津：南开大学出版社，2004：408．

二、三产业的发展、城市聚集功能和规模经济优势的发挥促使城市发展、城市辐射功能加强，使城市化得以实现。

2．地域城市化

指从空间上看，非城市地域逐渐转化为具有以集中和高密度为主要特征的城市性地域。从空间、地域角度上看，一个城市有许多次级地区，如商业中心、工业区、居住区等等，每个次级区域通过交通和通讯设施联结在一起，相互作用、相互影响，形成一个整合的空间联合体。随着城市化的发展，城市地域不断扩展，形成更多的居住、商业或工业区，使原来的农村地域逐渐转化为城市区域或卫星城镇，甚而形成新的城镇，城市的规模、等级、数量都得以发展。

3．生活方式城市化

指随着人们社会身份、职业、社会角色的变化，人们的行为方式、思想观念、道德意识、社会交往、受教育程度、生活习惯、综合素质等方面的进步与改善。相对人口、经济活动等城市化因素，人们生活方式的改变更为深刻，难度也更大。但从某种程度上说，作为文化载体的人自身生活方式的现代化，对于促进社会持续全面进步有着极为重要的意义。可见，城市化已经成为大多数国家经济走向强大和稳定、人民生活水平不断提高的基本象征。

城市化不仅仅是指人口向城市集中的过程，而且还包括社会结构、生活方式、价值观念、文化等的变化过程，是一个国

第四章　提升服务型政府回应力的现实意义

家经济达到一定发展水平的产物，特别是工业化程度不断提高的产物。认识城市化的历史进程及每一个阶段的特点，是正确制定一个国家城市发展战略的重要依据。

改革开放 30 多年来，我国的城市化水平迅速地提高，数据从 1978 年的 17.92%，上升到 2010 年的首次超过 50%，预计至 2025 年将达到 59%。城市化速度的加快很好地推动了国民经济持续、健康、稳定的增长。目前，我国正进入高速城市化时期，在城市化的进程中，人口急速向城市流动，给城市的生产、就业、生活、消费带来了积极的作用，也对整个区域的城市体系形成了冲击，对城乡关系赋予了新的内涵。由于快速城市化的到来，许多城市准备不足或者应对不当，各种城市问题也随之涌现出来。这些问题固然有其产生的必然性，但更大程度上是源于管理的不善，城市管理落后于城市的发展。快速的城市化进程不仅给人们带来了辉煌的城市文明，同样也催生了许多"城市病"。我国的城市管理模式基本上还是传统的管理模式，把城市政府作为唯一管理主体。而且，在管理的方法和手段上，它表现为权力控制、行政命令、制度约束是主要手段，非人性化的管理相当突出。在如今的城市发展和城市管理中，城市发展财政不足、可持续发展能力低、公共产品和公共服务质量差、公共管理成本过高、管理效率低下、不能对外界的变化和市民的需求做出灵敏的反应等等，都是传统城市管理"惹的祸"。城市发展中的问题和城市管理中的问题，并非中国这样的发展中国家所特有，许多问题是世界性的。其他发展中国家以及西方发达国家，都在努力探索和寻求改善城市管理、解决城市问题的道路。

20 世纪 70 年代末以来，由西方国家首先掀起，然后遍及全球的一股世界性公共管理改革浪潮，以及伴随着这场改革浪潮而发生在西方公共管理学界的从"新公共管理"到"治理"与"善治"的理论探索，都是在寻求现代城市的"善治"之法。随着城市化进程的加快和城市内外环境的变化，要有效地解决我国快速城市化进程中出现的问题，增强服务型政府回应力是迅速的适应我国快速的城市化进程的必然选择。

四、新媒体时代发展的内在需求

1．新媒体的内涵

新媒体是相对于报刊、广播、电视等传统媒体而言，在信息技术支撑下发展起来的新的媒体形态，它利用数字、网络、移动技术，通过电脑、手机等终端，向用户提供信息的传播媒体。[01] 中国互联网络信息中心 (CNNIC) 发布的《第 31 次中国互联网络发展状况统计报告》显示，截至 2012 年 12 月底，我国网民规模达 5.64 亿，手机网民规模为 4.2 亿，网民中使用手机上网的人群占比由上年底的 69.3% 提升至 74.5%。互联网监测研究平台 DCCI 发布的《2012 中国微博蓝皮书》称，经过 5 年的培育，微博用户总量约为 3.27 亿。从"微博开房"到官员"艳照"到"房姐"的热点事件，可以看出，新媒体的飞速发展

01　陈功榕．新媒体时代公共话语权探析 [J]．东南传播，2012：10．

第四章　提升服务型政府回应力的现实意义

为政府治理赋予了新的内涵，它的产生改变着公众的社会生活和政治参与方式。

2．新媒体时代政府治理模式的改变

(1) 互动结构的改变

新媒体改变了传统的传播模式，传播者和受众之间被动的关系得以改变，为互动主体提供了一个自由开放的公共空间，同时也改变了政府与公民之间的互动方式。传统媒体的互动是直接的、面对面的，而新媒体时代的互动不受地域和时空影响，实现的是以网络技术和虚拟空间为基础的互动。某件事件一经发起，往往能在短时间内激发公民的参与热情，聚集民意。

(2) 信息传递的改变

信息传播不再是一种自上而下的过程，由政府机构垄断信息的格局被打破，每个人都可以成为媒体，随着手机和网络用户的增加，使得公众可以随时随地获取信息、评议信息、发布信息、过滤信息、成为信息的主人。所有这一切变化，变革了我们对世界的看法，也改变了我们连接世界的能力。[01]

(3) 参与结构的改变

新媒体时代改变了公民的参与结构，为公民开辟了各种利益诉求的表达空间，拓宽了公民参与的渠道，激活了公民的参与热情。公众和政府间的沟通没有了中间环节，建立起畅通的民意表达渠道。新媒体时代参与的特性还表现在公平性，公众围绕社会公共事务畅所欲言，不论是穷人还是富人都能发表见

01　郭小安.网络民主的可能及限度[M].中国社会科学出版社，2011：120.

解，消除了身份歧视，公民在其中拥有自由表达及自主决策权，促进了社会多元主体间的沟通。

(4) 监督模式的改变

新媒体传播的即时性、互动性、公开性使它成为公民监督公共权力运行的最有效的途径之一。[01] 如借助网络公众可以揭露社会阴暗面，维护社会公平正义，而在这些舆论的压力下，政府不得不关注社会热点问题并妥善处理。同时新媒体也成为公民宣泄不满情绪、抨击社会丑恶现象的重要话语表达平台，在这里公众已不满足于"仅仅是某种社会事件的见证者，而越位成为社会生活的组织者、社会场域的监管者和社会价值标准的评判者"。[02]

凯特尔指出，"全球公共管理改革运动的核心问题是政府与社会的关系，政府改革的战略战术就是试图加强政府的能力以满足公众的需要，它的成败取决于改革嵌入国家治理系统即政治制度、盈利性和非盈利性的合作伙伴关系、公众期望与市民社会的深度"。[03] 而新媒体带来了一种有效快捷的参与方式，激发了公众的参与热情，对政府的工作也带来了机遇和挑战。面对新媒体时代公众参与的新课题，政府应以开放的态度积极回应，扬其利、避其害，使新媒体以一种更加成熟的姿态为公众

01　李玲、黄健荣. 论当下公共治理中的网络话语表达 [J]. 探索，2010：4.

02　王凯玲、李焕、刘国强. 从网络媒介事件的生成探究网络公共话语空间的建构 [J]. 安徽文学，2011：6.

03　高聪颖. 地方政府的治道变革：国外经验与中国借鉴 [J]. 天津行政学院学报，2011：2.

第四章　提升服务型政府回应力的现实意义

参与发挥重大的作用。随着新媒体时代的到来，对政府治理提出了新的要求，正如安东尼·吉登斯指出："政府和国家的自身改革不仅要满足效率的目标，也得对选民做出回应，即使最发达的民主国家也存在这个问题。"[01] 因此，在新的环境下探索政府与社会合作共治、公民积极参与、政府职能明确的政府回应力建设成为必然。

01　安东尼·吉登斯. 第三条道路及其批评 [M]. 孙相东译. 北京：中共中央党校出版社，2002：61.

第五章 中心城区服务型政府回应力建设的实践探索

建设服务型政府是我国行政管理体制改革和政府职能转变的目标。我国地方政府建设服务型政府的实践，大体上从 20 世纪 90 年代开始，在中国加入世贸组织后广泛兴起，在 2003 年中央提出"五个统筹"的新发展观后全面铺开。[01] 在发展的过程中，各地方政府根据自身的实际情况，不断探索服务型政府的建设，在实践中做出很多方面的尝试。但目前构建服务型政府的探索，绝大多数是只涉及到省、市、县的政府的做法，而作为中国行政体制层次中区一级政府，是一级不完全的政府，由于受财政和组织资源等限制，尽管也有过一些旨在增强行政运作民主性的探索，却很少产生直接以服务为导向的，服务型政府构建的个案。

本书对一个中心城区服务型政府建设中提升回应力的做法

01　李军鹏.公共服务型政府 [M]. 北京：北京大学出版社，2002：231.

第五章　中心城区服务型政府回应力建设的实践探索

和经验进行了实地调研、整理和总结，展现了该城区政府在这一过程中的特色之处。

所谓基层政府是指处于政府的基础结构层级、直接面向本行政区域内公众承担公共管理和公共服务的地方政权组织。目前我国政府层级结构主要有三种形式，即三级制：中央——直辖市——市辖区；四级制：中央——省（自治区、直辖市）——县（区、县级市、自治县）——乡（镇、民族乡）；五级制：中央——省（自治区、直辖市）——市（行署、自治州、盟）——县（县级市、市辖区、自治县、旗、自治旗）——乡（镇、民族乡）。其特征：一是权力的有限性，即基层政府行使权力的范围有限和内容有限；二是职能的服务性，即基层政府根据中央政府或上级政府的政策、文件、政令等，直接向本辖区的公众进行管理和服务活动。三是角色的双重性，即基层政府是中央政府在地方治理中的代理机构，又是基层经济建设和社会发展的领导主体；因此，我国基层政府主要是指县（县级市、市辖区、自治县、旗、自治旗）和乡（镇、民族乡）两级人民政府。

区级政区是相对于大城市市级政区来讲的，指基于维护城市正常运转、便于城市管理、满足城市居民工作生活需要等考虑，而在城市市级行政区域内部划分的基本管理与服务单元。区级政区在层次上要比市级政区低一个级别。与之对应，区级政区的行政执行机关称为区级政府。

区级政府在整个政治体制中扮演着承上启下的角色，在启动地方经济和促进地方社会的良性发展中扮演着重要的角色。在城市的建设和发展中，中心城区占有十分重要的地位，发挥着巨大的作用。中心城区是城市的名片，是城市资金流、信息流、物流、人流高度密集的地方，是城市形象标志性的地区。在城市的建设和发展中，中心城区占有十分重要的地位，发挥着巨大的作用。

当今，城区政府间竞争逐步从产品竞争和产业竞争转向综合环境的竞争。这种竞争在很大程度上取决于政府职能转变和效率提高、取决于政府服务经济的水平和能力。中心城区政府要想实现民众的诉求就必须做出及时有效的反应和令民众满意的答复，然而，伴随现阶段的经济社会生活环境的持续而又深刻的变迁，中心城区政府的回应存在迟缓、武断、不当、失衡、低效等问题，由此导致一些严重影响政府权威和社会稳定的问题，例如群体性事件上升、群众上访增加、政府公信力下降等。

一、中心城区的内涵

中心城区有的是指地理位置的中心城区，有的则是政治、经济功能的中心城区。由此可见，中心城区没有统一的标准。虽然各个不同城市中心城区的历史、规模、功能、容量和特点有着极大的区别，但是作为城市的中心城区，具有一些共同的特征，如位于城市核心地带、居民密集、商业活动发达，是城市的第二产业和第三产业经济活动的中心。银行等金融机构林立，高密度的建筑，为城市的最高政府行政单位所在地，与重要的交通网络相联系，房地产价格昂贵，等等。

第五章　中心城区服务型政府回应力建设的实践探索

1．中心城区的概念

可以对中心城区从行政区域、经济活动、人口密集度、历史文化四个方面来界定：

从行政区域上看，中心城区是上级政府行政机构（市政府或省政府甚至中央政府）所在的城区，即城市的政治中心。从经济活动功能上看，中心城区具有较强的集聚能力、辐射能力和综合服务能力，拥有丰富的经济资源，是商业活动或第二、第三产业活动中心，即城市的经济中心。

从人口密集度看，中心城区是城市的居民聚集中心。从历史上看，中心城区是城市的老城区，文化底蕴深厚。应该说明，规模较大的城市，可以有两个以上的中心城区，如北京市，东城区、西城区、宣武区等都是中心城区。[01]

综上，本书认为中心城区的概念不等同于经济地理学中"中心区位"，也不是简单的中央商务区，它是城市的一级行政区域，城市经济发展的独立单元。一般具有"中心区位"的条件，通常包含 CBD。此外，城市中心城区因为其边界和容量的不断变化而处于不断的变化中。

2．中心城区的特征

作为城市的中心城区，一般具有以下共同的特征：

(1) 经济综合实力强，发展水平高

01　徐君宝，沈静薇．中心城区的两大经济功能 [J]．改革与战略增刊，2005(20)：102．

(1) 城市的中心城区往往是城市经济最为集聚的地区，其整体经济实力强大，发展水平较高。

(2) 基础设施完善，社会事业发达

中心城区是城市经济社会建设与发展的中心区域，经过精心规划与较长时期的开发建设，基础设施配套齐全，规划建设水平高，各项社会事业发达。

(3) 居民布局集中，市场容量大

城市中心城区是城市居民集中的地区，由于居民的集聚与生产活动的集中，使其市场消费能力大大增加。

(4) 人才资源丰富，科技实力雄厚

中心城区人才集聚，文化教育、科技设施、科技条件良好，人才培养与科技发展条件优良，综合科技实力雄厚，这些成为中心城区经济社会发展独有的优势条件。

(5) 现代服务业发展繁荣

中心城区现代服务业发展繁荣，这在某种程度上解决了居民就业、收入问题，并带动相关产业周边城区的经济发展，增加了政府财政收入，为本城区的发展打下更好的基础。

二、中心城区服务型政府建设回应力提升的动因

行政生态学认为：任何行政系统都不能与其社会环境截然分开，它作为社会发展的产物，自然要受到社会生态环境的影响。也就是说，一定的行政系统只有与社会环境保持有机的动态关系，才能发展、变革、适应。行政系统与社会环境之间的关系越密切，对社会环境的变化越敏感，越善于接受社会环境

的需要，它就越能提高自己的效能和适应力。[01]

随着经济体制改革的不断深入，市场经济发展到了一定阶段，我国在经济、社会、政治乃至文化层面都发生了深刻变化。社会利益结构的复杂化、经济生活的市场化、政治生活的民主化、公共需求的多样化的趋势，正逐渐成为政府急需关注的重要领域。面对这种情景，中心城区一级政府势必转变工作重心与工作方式以适应发展和变化的需求，这就要求政府必须强化其公共服务的职能，提供有效的公共服务，使中心城区与社会发展和经济发展同步进行，创造新的优势。

1．社会经济的发展

在计划经济条件下，政府是资源配置中心、生产调度中心、价格制定中心、消费配送中心，政府的职能无所不包。随着我国社会主义市场经济的逐步深入，我国在经济、社会乃至文化层面都发生了深刻变化。社会利益结构的复杂化、经济生活的市场化、政治生活的民主化，公共需求的多样化，这就要求原来社会主义计划经济下的政府职能进行新的定位，以适应当今社会的经济发展需要。

中心城区经济也随市场经济发展在不断成长，其政府的主要职能转变滞后于经济体制改革和经济运行方式的转变，因而要求政府必须强化其公共服务的职能，使社会发展与经济发展同步进行。

01　李传军．构建有中国特色的服务型政府模式 [J]．公共行政，2005(8)：8.

2. 公共需求的增长

随着公共需求的快速增长，社会结构进一步分化，社会矛盾更加复杂，不同社会主体之间的利益冲突不可避免，并将引发一系列社会问题，加大社会风险程度。因此，政府转型牵动经济社会发展全局。拉美一些国家的实践告诉我们，这些矛盾和问题如果处理不好，不仅会激化社会矛盾，并会由此导致经济社会发展的中断或倒退。为适应全社会公共需求的变化，政府就应把注意力更多的投向"公民需求"，扩大政府的公共服务职能，从"以政府为中心的重管制模式"向"以满足公民需求为中心的公共服务模式"转变，建设公民需求导向型的政府。

3. 信息时代的挑战

科学技术的日新月异，知识经济、信息社会的来临对传统的政府管理带来了重要的影响。

(1) 政府组织结构日益扁平化。随着信息技术的发展、信息传递的高速、便利，中间层级的信息传递功能在很大程度上成为冗余，政府组织结构日益扁平化。

(2) 公众参与的积极性提升。信息化使公民个人接收信息的能力大大增强，人们的个性化选择要求也日益提高，政府面临着来自公众参与的压力，对政府回应性的要求日益提高。在信息时代，社会变迁迅速，政府必须具有灵活的管理体制，以对公民需求及环境变化做出及时、准确的回应。

第五章　中心城区服务型政府回应力建设的实践探索

4．行政决策的科学化、民主化要求

当今世界行政发展趋势的价值追求是"小政府，大社会"，这种行政权向社会的回归集中表现为决策权的回归，即某些原本由政府决策的领域或事项交由民众自己管理、自行决策，这是特定意义的行政决策民主化，这种民主化决策将民众对决策的影响由参与扩大为主导。现代行政决策在本质上是由政府代表公众意愿对社会发展做出正确选择和判断的过程，公众的参与程度是衡量决策科学化和民主化的一个重要指标。中共十六大在"健全民主制度，丰富民主形式，扩大公民有序的政治参与"基础上，提出实现决策机制科学化民主化的总体要求："深入了解民情、充分反映民意、广泛集中民智、切实珍惜民力。"反映了将群众的情绪、意愿、智慧、能力，作为决策科学化、民主化制度建设中的重要能动因素；重视对反馈信息的分析与利用，来加强决策制度建设的根本转向。注意培养公众的参与意识和民主意识，建立相应的政府行政决策回应制度，采取切实可行的措施，确保公众参与政府管理的渠道畅通，通过发挥他们的民主决策、民主监督、民主管理作用，充分了解社会对需要解决的问题的意见和建议，确保政府行政决策的民主化和科学化，从而提升我国基层政府的回应能力，这是现代服务型政府的责任，也是我国当前的社会主义政治发展的目标。

5．公众参与的呼唤

随着市民社会的发展，以及公民民主意识的逐步觉醒，民

众政治参与意识和参与能力得到了很大的提高。在市场经济条件下，政府的每一项行政决策都要以民意为基础，政府在行政决策时要倾听群众的声音：向市民社会的个人、私营部门的组织以及其他集团广开言路，以便使他们有发言权。在适当情况下，也意味着政府进一步下放权力和资源，并旨在通过参与来提高责任感和反应能力，这样，公众政治参与的意愿与能力和政府行政行为的选择处于一种互动的关系中，从而有利于提升政府信用。因为在公众的参与过程中，公众表达要求、提出意见，这一行为本身就是政府与民众之间的沟通，能够密切两者之间的关系。同时，公众对政策及目标措施的广泛讨论、集思广益，有利于减少政府决策的随意性和独断专横，可以改善公共服务的质量，树立良好的政府形象，从而提高基层政府的公信力。

三、城区情况分析

21世纪是城市世纪，最能代表一个城市的当属该城市的中心城区。中心城区是一个城市的名片，城市的中心城区往往是全市政治、经济、科教、文卫等集中的区域，也是承载人口最密集的区域。中心城区虽然地域面积有限，但对周边城区起着很好的辐射作用和带头示范作用。[01]

作为调研的这个中心城区，是太原市的政治中心、交通枢纽和对外交往的"窗口"。具有与其它城区不同的区域特色。从整体来看，它有以下特点。

01 　太原市迎泽区人民政府．政府工作报告 [R]．太原，2007．

第五章　中心城区服务型政府回应力建设的实践探索

1．**优势** (advantage)

(1) 文化优势

迎泽区历史底蕴深厚，是宋建太原古城的重要组成部分，可上溯千年以前的唐明古镇，民族交往文化、边塞文化、根祖文化、晋商文化、宗教文化等各具特色。区内有双塔永祚寺、崇善寺、清真古寺等名胜古迹，还有省博物馆、万寿宫及滨河公园等省城著名旅游景点，目前以双塔寺、北齐古墓壁画为代表的文化旅游区已初步形成。[01]

(2) 区位优势

迎泽区城区是太原市的中心城区，地理位置得天独厚，城市设施齐全、功能完备、交通便捷，土地开发价值较高，文化、商业、旅游、信息资源都很丰富。它是国务院于 1997 年批准成立的城乡一体化城区，地处太原市汾河之东的城区中部，南连小店区，北接杏花岭区，东与榆次市、寿阳县相邻，西隔汾河与万柏林区相望。全区下辖六个街道办事处和郝庄镇，83 个社区、29 个村，总面积 104.57 平方公里，总人口 49.16 万人，其中农村人口 1.65 万人。区域内聚集众多省市机关、新闻媒体单位、高等院校、科研院所，为城区发展提供智力支持。辐射全省的交通通讯网络、基于互联网技术的政府网站均可为社会提供便捷的政务、商务与事务服务。[02]

(3) 产业结构优势

迎泽区是省城太原的商贸中心。近年来，按照建设创新型城市和率先发展的要求，积极实施"三产立区、商贸兴区、民营强区、文化塑区"发展战略，不断巩固传统商贸优势，着力强调第三产业优势。三产税收占财政总收入的比重由 2002 年的 75.92% 提高到 2006 年的 84.33%，第三产业占 GDP 的比重达 83.8%，为迎泽区未来的发展奠定了良好的基础。目前，全市年营业额在千万元以上的大型商业企业有 90% 位于该区，全区有私营企业和个体工商户 18200 多家，区属工商企业 400 余户，民营

01　太原市迎泽区统计局．太原市迎泽区国民经济统计资料．2006.

02　太原市迎泽区统计局．太原市迎泽区国民经济统计资料．2006.

第五章　　中心城区服务型政府回应力建设的实践探索

企业社会消费品零售额占全区总量的 83.2%，纳税额占到全区税收的 2/3，[01] 极大的提高了我区区域经济综合实力和对外知名度。

(4) 良好的政策环境和发展氛围

国家实施中部崛起和振兴老工业基地战略，有利于我们获得更多的政策支持。2006 年，该城区成为国家可持续发展实验区。这是太原市目前唯一的可持续发展国家实验区。可持续发展实验区是我国政府推进可持续进程的一个创举，它的创建主要是选择具有代表性和示范性的地方，探索不同类型地区的经济、社会和人口、资源、环境协调和持续发展的机制和模式。入选可持续发展实验区必将推动迎泽区经济在较长时期内快速稳定增长。

同时，省市坚决实施改造生态环境，调整产业结构，关停改造污染企业，发展循环经济及现代服务业等有关政策与措施，都将为城区创建国家可持续发展实验区提供较好的外围环境和政策支持。

2．机遇 (opportunity)

(1) 中部崛起离不开政府能力的提升

中部六省地处华夏腹地，幅员广阔，人口众多，历史悠久，文化底蕴深厚，是一个天地钟毓、人杰地灵、物产丰富、资源富集、承东启西、连南贯北的宝地，在农业、能源、矿产资源、旅游、区位等方面有着独特的优势，在国家经济社会发展中占有重要地位。2004 年 3 月 5 日，国务院总理温家宝在第六届全

01　太原市迎泽区人民政府．政府工作报告 [R]. 太原，2007.

国人民代表大会做政府工作报告，正式宣布"促进中部地区崛起，形成东中西互动、优势互补、相互促进、共同发展的新格局"。2007 年 10 月，党的十七大召开，在提及地区协调发展时，十七大文件明确提出要"大力促进中部崛起"。"中部崛起"是我国继特区建设、沿海开放、西部大开发和东北等老工业基地改造之后的又一个区域发展战略，中部崛起战略的实施，将各级政府推到了历史的舞台。中部地区能否抓住机遇，跳出"中部塌陷"的泥潭，中部六省区的大中城市起着非常重要的作用。而最能代表一个城市的是该城市的中心城区，因此中部崛起对位于区政府来说是历史的机遇。

(2) 经济发展环境明显增强

该区近年来经济实力明显增强，发展环境大为改善，特别是全区业已形成的抢抓机遇、共谋发展、务实创新的发展氛围，为"十一五"时期持续快速发展提供了强大的内在动力。山西省煤炭方面优势明显，能源产业和原材料产业的发展，必将推动全省经济的快速发展，从而促进迎泽区消费市场的进一步繁荣；国家把扩大内需作为战略方针，居民消费结构逐步升级、不断优化，将有力拉动传统商贸业升级和新兴产业的发展；太原市城市化进程的加快，钟楼街改造、长风东大街、太行路、双塔南路和南内环东街等建设项目的实施，将为迎泽区经济社会发展开辟出新的空间。

3．挑战 (challenge)

作为太原的中心城区，自身发展过程中遇到的问题和周边

第五章　中心城区服务型政府回应力建设的实践探索

城区跨越式的发展都给迎泽区带来了前所未有的考验和竞争压力，主要体现在以下几个方面。

(1) 南北城差距越来越大

迎泽区总占地面积 104.57 平方公里，人口密度大，包括水资源在内的各种自然资源缺乏，交通等市政基础设施不尽完善，与城市经济社会事业的发展不相适应，严重制约了城区发展的空间。[01] 随着城市建设南移，市场和区域间竞争激烈，城区商贸业分流趋势加剧，省城商贸中心地位受到挑战，加之钟楼街地区等商贸业态的趋同和落后，新兴第三产业尚未形成体系，整体竞争力有待进一步提高。

(2) 城乡发展空间不足、综合服务功能还不够完善

城乡环境不能满足经济社会发展的要求和人民群众的需求，体制机制创新步伐还不够快，开放程度还不够高，企业自主创新能力和竞争力还不够强，经济社会的快速发展的活力有待进一步激发。

(3) 其他区县的强大竞争

在发展的趋势下，太原各区县不断深化改革，争相提升竞争优势，而随着城市功能的疏散，区位优势也在也在弱化，如何在竞争中扬长避短，发挥优势，是中心城区获得发展的关键所在。

迎泽区正处在城市加速成长期的后端，正步入从外延式发展向内涵式发展的关键转型期。区一级政府公共服务能力面临

01　太原市迎泽区统计局.太原市迎泽区国民经济统计资料.2006.

新挑战的同时也给中心城区的发展到来了新的机遇。而迎泽区能否始终具备和保持优美的生活环境和良好的发展环境，直接决定着其未来的生存和发展。因此，中心城区政府只有不断的完善软环境，提高政府服务质量，才能使中心城区在城区间的新一轮竞争中利于不败之地。

(4) 传统商贸业竞争力下降，新兴服务业发展缓慢

随着城市建设南移，商贸业分流趋势加剧，商贸中心地位受到了严重挑战。迎泽区现代服务业尚未形成规模发展和集聚发展的态势，市场竞争力不强，如何改造传统商贸业，发展现代服务经济，提高第三产业的整体竞争力，已成为迎泽区经济发展必须解决的课题。

(5) 生态脆弱，环境治理任务依然艰巨

环境治理任务依然艰巨。东部山区生态有待恢复，城区绿地少，绿化覆盖率较低。太原市作为国家能源重化工基地，一些大型工业企业对整个城市造成了严重污染，城市扬尘污染严重，生活垃圾、污水处理率低；群众环境意识尤其是业主的环境意识治理、清洁生产理念还有待提高。

(6) 社会事业发展不能满足人们群众的需要

社会事业发展不能满足人民群众的需要。随着社会主义市场经济体系的建立，教育、卫生、文化、就业、社会保障等社会事业发展缓慢，已经成为影响社会公平与和谐的重要因素，迫切需要政府进一步加大投入，为人民群众提供优质的服务，促进社会和谐健康发展。

第五章 中心城区服务型政府回应力建设的实践探索

四、有限政府、无限平台，阳光政务—区政务中心构筑公共行政回应平台

近代思想家密尔曾说，为什么中国由古代高度发达的国家到近代变为停滞不前呢？他分析道：原因在于中国没有很好地处理好政府和公民的关系。过去，政府与公民之间是管理与被管理、控制与被控制的关系。今后，政府与公民间应该是相互依赖与互动合作的伙伴关系。为此，要弱化政府对公民的控制功能，强化政府的服务意识与服务措施，明确各种服务标准与服务质量的承诺，实现由暗箱行政向阳光行政转变。政府行政只有公开、透明才能确保社会组织、公民个人的知情权，有力促进公正、公平等行政价值的实现。[01]而政务大厅就是把与市民利益密切相关的行政在一起，设立的统一的对外办事机构。它使得公民有"知情权"，"知政权"。原来行政架构上生硬的官民关系在这里调整为服务与被服务的关系，以最大限度地满足了公民的公共需求，维护、增进、最大化地实现了公民的公共利益。[02]区政府建立的政务中心实现了由过去"多头操办"向"一站式"服务的跨越，以最大限度地满足"顾客"（公民或企业）的需求作为工作的出发点和归宿，深化了行政审批制度改革、方便了群众办事，提高了公共服务的效率和质量，为服务型政府构建了公共行政平台。

01 叶海平，唐华英.论构建公共服务型政府的理论定位和改革趋势 [J].江西行政学院学报，2006(7)：95.

02 山西省行政审批制度改革领导小组办公室.改革行政审批制度规范权力运行机制 [M].太原：山西人民出版社，2003.

1. 创新服务制度——"一门受理、并联审批、超时默认"等全程服务模式

(1) 一门受理

一门受理，实质上就是将本来地理空间分散的相关单位全部集中到一个办公大楼办公，并设立面向顾客的综合接待窗口，使公众能通过综合接待窗口获取大部分服务，缩短了审批流程，提高政府服务质量和效率。区政务中心（以下简称中心）成立于2003年11月，可为群众提供区级62项行政许可的审批、95项行政事业性收费的审核征收服务。现有各类办事窗口13个，包括经济服务综合代理窗口、社会事业综合代理窗口、城市建设综合代理代理窗口、投资服务窗口、工商局联络员窗口、国税局联络员窗口、地税局联络员窗口、交通局窗口、文体局窗口、环卫局窗口、建设局窗口、卫生局窗口及收费窗口。其中，综合代理窗口3个，区直部门驻中心窗口6个，联络员窗口3个，收费窗口1个。[01]

迎泽区政务中心，不仅是原有的业务部门在物理空间上的简单集聚，而且是一个统一的、有权威的、协调能力强的整体。企业或市民只要在政务中心就能获得最快捷、便利的服务，实现了一门办事。

(2) 委托代理制

相对于省、市政府而言，区政府的审批权力十分有限。省、市的政务服务中心可以让各个职能部门进驻政务大厅统一办理

---

01 太原市迎泽区政务服务中心工作总结.2006.

第五章　中心城区服务型政府回应力建设的实践探索

审批业务。而如果区政务服务中心照这种模式的话，就会出现有些进驻大厅的职能部门一年也办不了几件事，因为很多审批权限并不在区政府，这样会造成资源的极大浪费，同时也加大了政府大厅的管理难度。因此，城区在太原市首先提出了"委托代理"的原则。对于业务比较少的职能部门，并不需要进驻政务大厅，而是由大厅的工作人员代它受理或办理。2004 年 10 月政务中心率先在全市推行了行政许可委托"代理制"服务，设立的 3 个综合代理窗口，对因受理许可申请数量少而未进驻中心的 17 个政府部门的 34 项行政许可，实行"中心代部门受理行政许可申请——部门在中心现场审核——中心代部门向申请人发放证（照）（需要现场勘察的，则由中心通知申请人）"的方式进行运作。在大厅里工作的人员都将是大厅自己的工作人员，所有业务都将由大厅受理，然后分交给各个部门办理。凡进了政务大厅的行政审批材料，一律不再返回各局，以免引起滞留。如今，申请人与审批人不见面，已经在区政务中心基本实现。区政务服务中心委托代理（代批）部门办件，解决了不必要的人力资源的浪费，提高了行政效率，极大地方便了企业和群众，成功解决了 70%驻政务中心部门办理 30%的业务这一困扰县区级行政集中审批工作的一个难题。实行"代理制"服务以来，该中心已累计办理各类行政许可事项 5317 件（次），办结率达到 100%，办结件数大大超过了以往。[01]

01　太原市迎泽区创优政务环境领导组．关于迎泽区贯彻落实"关于在太原市政务大厅开展行政效能活动、进一步创优政务环境的通知"的情况汇报 [R]. 太原市迎泽区，2006.9.6.

服务型政府回应力研究

(3) 首问负责制、首办负责制、一次性告知制、AB 角无缺位工作制、限时办结制、超时默认制、联合审批制

迎泽区把政务环境视为推进全区率先发展的根本性、决定性的关键因素，中心是区政府对外服务的窗口，是太原市建设服务型政府的样板工程。为了优化审批环境，提高服务的效率和质量，中心创新了服务制度。

首问负责制：接受申办人首次问讯的工作人员为第一责任人，对问讯的事项属于本部门的，应告知申报条件、所需资料、收费标准、办事程序等内容。问讯的事项不属于本部门的，应主动热情、耐心细致地告知应去的部门、联系电话等内容，不得以任何理由拒绝。[01]

一次性告知制：对办事条件以及需要申办人提供的资料，工作人员应出具书面材料一次性告清楚。凡符合法定要求的，应当及时受理；对于依法不予受理或不予批准的，应当书面说明理由和依据，并告知申办人享有投诉、申请行政复议、提起行政诉讼的权利。[02]

首办负责制：涉及两个以上部门审批的事项，须确定一个主办单位，一门受理，抄告相关部门，分头审批，在规定时间内交由主办单位汇总后做出批复。

01 太原市迎泽区创优政务环境领导组.关于迎泽区贯彻落实"关于在太原市政务大厅开展行政效能活动、进一步创优政务环境的通知"的情况汇报 [R]. 太原市迎泽区，2006.9.6.

02 太原市迎泽区创优政务环境领导组.关于迎泽区贯彻落实"关于在太原市政务大厅开展行政效能活动、进一步创优政务环境的通知"的情况汇报 [R]. 太原市迎泽区，2006.9.6.

第五章　中心城区服务型政府回应力建设的实践探索

AB 角无缺位工作制：同一业务必须由两人以上负责。当 A 角因故不在岗时，必须由熟悉 A 角业务，并能行使与 A 角同等职权的 B 角负责受理相关业务。A、B 两个负责人不得同时外出。凡正常工作日，必须严格做到全日对外办公，不得以任何理由、任何方式停止或拖延对外办公。[01]

限时办结、超时默认制：在符合有关规定及手续齐全的前提下，经办人应在承诺的时限内为申办人办结其所诉求事项。政务工作人员对行政相对人请求审批或请示的事项，超过承诺办理时限未办结，而没有做出合理解释的，即视为该事项合理可行，默认同意。相关责任由该行政机关承担，并追究有关责任人的过错责任。[02]

联合审批制：联合审批事项指由三个以上主管部门审批的申请事项及其他需要联合审批的申请事项，在不改变部门窗口界限的前提下，对联办件制定较科学、易操作的流程，然后按照"一家收件、抄告各方、同时受理、限时办结"的要求，实行并联审批。政务服务中心应及时对受理的联合审批事项进行预审，并出具受理通知书，需进行前置审批的，应由涉及的职能部门办理后，政务中心再受理审批。需要会审办理的项目，由政务服务中心负责将审核资料分送给各有关服务窗口，并协

01　太原市迎泽区创优政务环境领导组．关于迎泽区贯彻落实"关于在太原市政务大厅开展行政效能活动、进一步创优政务环境的通知"的情况汇报 [R]. 太原市迎泽区，2006. 9. 6.

02　太原市迎泽区创优政务环境领导组．关于迎泽区贯彻落实"关于在太原市政务大厅开展行政效能活动、进一步创优政务环境的通知"的情况汇报 [R]. 太原市迎泽区，2006. 9. 6.

服务型政府回应力研究

商、确定现场勘察和联合会审时间。区政府批办的重大联合审批项目，由政务服务中心召集有关部门采取联合审批会议的形式，开辟"绿色通道"，进一步缩短审批时间，从项目的主项受理到综合验收，由政务服务中心对其各个环节进行跟踪监督。[01]

下面以区政务中心业务服务指南（文体局）和区教育局的审批流程为例，详细了解政务中心的创新服务模式。

迎泽区政务中心业务服务指南（文体局）

项目名称：印刷品经营许可		项目名称：网吧审批初审
申报材料： 有企业的名称、章程； 有确立的业务范围； 有相适应业务范围需要的生产经营场所和必要的资金、设备等生产经营条件； 有适应业务范围需要的组织机构和人员； 有关法律、行政法规规定的其他条件。	迎泽区政务服务中心实行"一站受理、并联审批、限时办理、超时默认、阳光作业"的"一条龙"全程服务。实现进一门办事，交规定费办成，按承诺日办结，竭诚为广大投资者和群众提供热情、周到、便捷的服务。	申报材料： 名称预先核准通知书和章程； 法定代表人或者主要负责人的身份证明材料； 资金信用证明； 营业场所产权证明或者租赁意向书； 依法需要提交的其他文件。
办事程序：1.申请；2.受理；3.审查；4.现场勘查；5.审批；6.发证。	权利告知：您在本大厅办理业务时享有：1.对所有事项及相关政策、办理程序的咨询权；2.对补、退	办事程序：1.申请；2.受理；3.审查；4.现场勘查；5.审批；6.发证。
承诺时限：10天		承诺时限：10天

01　太原市迎泽区政务服务中心业务办理流程规范.2007.

第五章　中心城区服务型政府回应力建设的实践探索

政务中心运行机制（以区教育局社会力量办学许可审批流程为例）

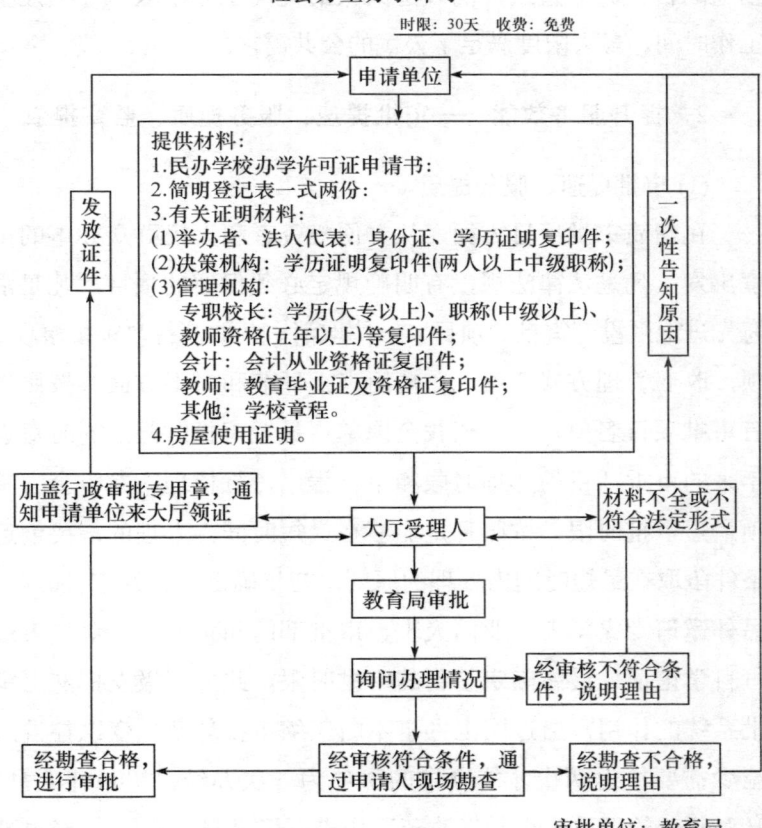

社会力量办学许可

时限：30天　收费：免费

通过以上例子我们可以看出，创新服务制度对于树立政府形象，方便人民生活有着十分重要的意义。迎泽区政务中心通过对政府各项工作职能进行梳理，将各项工作用科学化、规范化的流程图进行表述，并在流程图下方列明该工作事项的办事指南、职能依据、岗位职责、办事期限和责任人等索引内容，达到精简流程内容，优化流程路线，提高流程效能，确保流程畅通的目的。通过这样的改造大大的提高了办事效率，缩短了工作时间，最大限度满足了公民的公共需求。

2. 提升服务效能——审批提速、服务提质、监察提效

(1) 审批提速、服务提质

在精简审批项目方面，从方便投资者和人民群众办事的角度出发，凡是法律法规没有明确规定必须保留的项目，凡是沿海先进地区没有审批的项目，一律取消。共取消行政审批事项 3 项，改变管理方式 7 项。在精简审批环节和时限方面，按照现有审批项目名单，一一查找全国单项最短审批时限，同时对近年来的审批项目的办理时限和审批程序进行梳理，参照全国单项最短审批时限，按照凡是能够在最短时间内办理的，要创造条件争取在最短时间内办理的原则，初步确定了新的审批时限。另外邀请专家学者、业内人士、审批部门和企业、群众代表进行科学论证，最终确定了新的审批时限。此外积极发挥网上审批系统的作用，通过网上办事不断压缩审批环节，变以往群众至少需要往返两次才能办结的事项为一次办结。2006 年 8 月，又对新一轮行政审批制度改革工作进行了"回头看"。[01] 经过精简，行政审批项目在原有减幅 42% 的基础上再减少 9%，总体

---

01 太原市迎泽区创优政务环境领导组.关于迎泽区贯彻落实"关于在太原市政务大厅开展行政效能活动、进一步创优政务环境的通知"的情况汇报 [R]. 太原市迎泽区，2006.9.6.

减幅达 47%。行政审批时限在原有减幅 50% 的基础上再减少 50%，总体减幅达 78%，为原审批时限的五分之一。其中，当天办结件由 3 项增加到 16 项；2—5 天（含 5 天）审批项目由 5 项增加到 19 项；6—10 天(含 10 天)审批项目由 5 项增加到 13 项；10 天以上审批项目由 39 项减少到 4 项。

政务中心审批提速再创新记录
——太原东部新城开发有限公司成立审批一天完成

太原东部新城开发有限公司是上海绿地集团负责枣园生态区开发工作的运作公司，由于枣园生态区开发一期工程开工在即，上海绿地集团向中心提出在一天时间内办结全部开业手续的紧急求助。中心接受任务后，急企业所急、想企业所想，把企业的事当自己的事办，立即协调市工商局、市公安局、市印章厂、市技术监督局、市地税局等 5 家审批部门开通绿色通道，并放弃中午休息时间，在一天时间内办理了工商营业执照审批、企业刻章审批、企业公章刻制、企业代码证审批和税务登记证审批等公司成立所需的全部审批手续，为枣园生态区开发工作的早日开工争取了时间。[01]

(2) 加强"效能监督"，建立高效政府

效能建设是以效能为基本目标，以实现优质高效为目的，把管理的诸要素有机结合在一起，依法履行职责的管理活动。效能监督有利于转变政府职能，建立多维监督制约机制，将行

01　太原市迎泽之窗网站 . www. yingze. gov. cn，2006-05-17.

政的全过程置于社会全方位的监督之下，提高决策质量，消除不当、不良行政行为，建立良好的行政环境。在体制上解决好"政府权力部门化，部门权力个人化"的弊端。

区效能监督投诉中心在政务服务中心挂牌办公，对各窗口单位和工作人员进行效能监督，并设立考核、奖惩机制，将考核结果纳入区对部门领导班子目标责任制考核和行风"双评"体系。政务中心的效能监督分为："电话投诉受理"类流程、"现场投诉"类流程、"效能监督"类流程。把接到的投诉电话备案在投诉表上，能够当时解决的要直接给予投诉者答复；对无法直接答复的要做好记录，报上级领导批示后，给予投诉者答复。[01]

在效能建设中，政务中心工作人员是效能的体现者，是效能的主体；公众是效能建设的受益者，是客体。因此，效能建设的着力点是要强化对主体行为的约束，更好地服务客体，寓服务于管理之中同时让客体能有效地监督主体，以获得满意的服务。

3．树立服务理念——百姓是天、客商为重、服务至上

(1) 创新服务理念，强化服务意识

区政务中心是该城区打造省城中心商务区和形象展示区的重要窗口，每一位工作人员的形象都直接影响着这个窗口的社会评价。为进一步更好地实践阳光政务暖人心的亲民工作，中心提出了"还群众一个微笑"的大厅工作理念，在全中心树立"政府就是服务"、"公务员就是服务员"、"人人是环境、处处为

01　太原市迎泽区政务服务中心业务办理流程规范.2007.

第五章　中心城区服务型政府回应力建设的实践探索

发展、事事讲服务"等工作理念。中心每位工作人员以"把人民群众的呼声做为工作的第一信号，把人民群众的需要做为工作的第一选择，把人民群众的利益做为工作的第一考虑，把人民群众的满意做为工作的第一标准"的精神对待工作，以坚持做到申办手续一次说清，政策咨询百问不厌，手续齐全耐心指导，手续齐全尽快办结，坚持解决问题、耐心处理问题的工作方式，在具体工作中做到了"诚心、真心、热心、耐心、细心"的用心服务，坚持不懈地做到"一张笑脸相迎、一次讲解相送"的基层服务规范，秉承"服务只有更好，没有最好；满意只有起点，没有终点"的理念。并将现代服务业的一些服务理念和规范引入到政务中心。建立了政务引导员、咨询员、受理员、讲解员的服务原则及规范，建立承诺件受理登记制度、即办件受理登记制度、对象评议制度、电话回访、失职追究制等。以此明确工作职责，推行政务公开、严肃工作纪律，克服"中梗阻"现象，有效地防止暗箱操作的发生，建立融洽的政群关系。

(2) 对困难群体的全方位"上门服务"

群众利益无小事，政务服务的核心是便民，是时刻把群众的安危冷暖放在心上。区政务中心对全区老弱病残等困难群体摸底登记后建立了服务档案，定期入户走访，及时上门提供包括办理审批事项在内的各种服务。目前已对全区 65511 户的高龄老人、1700 名行动不便的低保人员和高残人员推广了此项服务。此外，为方便全区 5 万多名老、弱、病、残等行动不便的弱势群体办事，网上审批系统还开通了绿色通道栏目，为他们提供上门服务。

(3) 服务企业,为企业创造良好发展空间

理顺政府与市场、政府与企业的关系是服务型政府的主要目标。政府与企业的关系不是管与被管的关系,而是服务与被服务的关系。中心各窗口单位以服务于招商引资、服务于富民强区大业为已任,充分利用政务大厅的空间,增加了招商引资的功能。将迎泽区的概况、区经济建设的巨大成就和招商引资的优势、"三区"建设情况和重点工程陈列在展板上,向投资者展示我们的优惠政策、区位优势和服务水平,创造良好的投资环境。

在不断完善以综合代理、现场审批制等为主要内容的政务综合服务制度的基础上,中心一改过去坐等企业上门审批的旧模式,主动推出了为重点企业上门服务的新方法。只要企业、群众需要,政务服务中心便会派人上门免费服务。中心还与外来投资企业及时建立联系,针对企业需求制定相应的服务方案,从企业有投资意向开始,到项目竣工、开业,直至后期的营运协调,给予全程"保姆式"服务。仅 2006 年一年,全区就新增私营企业 255 户,比上一年同期增长 50%。[01]

案 例

投资上亿元的高科技大型医疗设备制造企业——迪尔影像集团在该区设立总部和销售中心后,中心在 1 天时间内,为投资 10700 万元的山西迪尔影像有限公司同步办理了从项目立项

01　太原市迎泽区网站 www. yingze. gov. cn, 2007-06-10.

第五章　中心城区服务型政府回应力建设的实践探索

到税务登记在内的有关手续。感受到该区优质政务环境为企业发展带来的便利，决定将生产基地从外市迁入该区。[01]

案　例

"优质、高效、便民！"来福集团董事长对迎泽区的政务服务的评价，似乎最能代表享受过该区政务服务的群众、企业的心声。陈福喜说："我从商十几年，发现到政府办事越来越方便快捷了。"来福集团旗下的缤缤服饰广场2005年10月份落户柳巷，开业前迎泽区政务服务中心主动派人免费上门服务，短时间内帮其办理齐全了各种开业所需手续，使其顺利开张。[02]

分析：从以上案例可以看出，区政务中心热忱为各类企业提供相关服务，在办理各类证照上大开方便之门，制定各种优惠政策，为投资者创造了良好的投资环境。

4．创优政务环境——电子政务构建三级政务服务体系

(1) 阳光政务暖人心

所谓电子政务，就是指运用信息技术把政府及其职能机构、公众连在一起建立互动系统，不仅实现政府内部办公的自动化、决策的科学化、信息的网络化和资源的共享化，而且为公众提供一个无处不在的政府及随时随地可得的信息和可办的服务，从而建构一个有回应力、有效率、负责任、具有更高服务品质的政府。随着政府行政审批改革的深入，电子政务的重要性越来越凸显出来，没有现代化的手段，行政审批流程的精简，并

01　太原市迎泽区网站 www. yingze. gov. cn，2007-06-10.

02　太原市迎泽之窗网站 www. yingze. gov. cn，2007-06-10.

联审批、效率的提高等都是一句空话。电子化政府最重要的内涵及精髓是构建一个"虚拟政府"(virtual government),即跨越时间、地点、部门的全天候的政府服务体系。

①信息网上公开,提高审批透明度

企业或个人可以利用网络,方便、系统地查询到有关审批程序、审批条件流程和相应法规。企业或个人只要打开互联网,就可以在网上找到自己所需要的服务种类。办事群众可通过点击审批项目栏目,了解政府相关职能部门的审批项目、办事程序、申报材料、收费标准、承诺期限以及办事流程;通过点击网上申报项目,可以下载相应表格,完成申报材料的填写和提交工作;通过点击审批查询栏目,可以了解到审批事项的最新办理情况。

②网上申报,为企业提供便捷的服务

电子政务的建立,为企业或个人提供24小时的电子化政府。2005年10月23日,可为企业和公众提供24小时在线服务的网上审批系统首先在迎泽区投入试运行,它突破了传统的8小时工作制的限制,能够方便大家办理有关审批事项。这是省城开通的首家县(区)级网上审批系统。在电子政务网上,点击"政务服务中心",进入"网上办事大厅",就可以在网上办理行政审批了。[01]

③并联审批,提高审批效率

利用网络,部门间信息共享,使得部门间不受时空和地域的限制,因而并联审批成为可能,避免了串联审批中每一个部

---

01 太原市迎泽之窗网站 www. yingze. gov. cn,2006-05-17.

第五章　中心城区服务型政府回应力建设的实践探索

门都是审批流程关键环节的情况，大大缩短了部门间等待和流转时间，提高了审批效率。

(2) 构建区、街、居三级政务体系，实现政务信息与百姓"零距离"

小政府、大社会，城市管理模式以社区为重心是现代社会发展的必然趋势。我国最基层的社区组织是社区、居委会。居委会与社区居民接触最直接、最密切、最经常，是政府组织群众、教育群众、联系群众的桥梁。为推进社区建设，该区政务中心不断完善区、街、居三级政务服务网络建设，建设三级政务服务网络、积极推进政务公开进社区，将政务信息送到市民家门口，不仅提升了政务公开的效果，还拉近了政府与市民的距离，实现政务信息与百姓"零距离"。

2002 年，区政府就着手构建区、街、居三级政务服务体系。到 2004 年底，全区三级政务服务机构发展到 91 个，以区政务服务中心为龙头、街道政务服务站为纽带、社区政务服务窗口为基础的政务服务体系初步形成。通过外网，迎泽区将政府专网延伸至各乡(街)，使 16 个乡街全部与市、区政府专网连接。全区下辖六个街道办事处和一个镇，89 个社区、29 个村，总面积 104.57 平方公里，总人口 49.16 万人，其中农村人口 1.65 万人。目前，全区 16 个乡街已经全部建成政务服务窗口(中心、大厅)，其中有 3 街、1 乡建成厅式，12 个乡街相对集中式，78 个社区建有政务服务代理室，其中厅式(台式)16 个，占建成数的 20.5%；相对集中的 62 个，占建成数的 79.5%；69 个行政村除因地质灾害搬迁的 15 个村以外，剩余 54 个村全部建成了代理点，建成率达到 78.3％。一个区有政务服务中心、乡（街）有政务服务窗口、村（社区）有政务服务代理室（点）的三级政务服务网络在迎泽区基本形成。通过政务公开三级网络，在政府与市民之间架起了一座政务信息高速公路。[01]

案　例

老军营街道办事处开办太原市首家便民服务网站

在政务公开进社区活动中，城区的社区服务窗口全面推行全程代理服务，使群众在家门口就可以享受到社区提供的市、区、街、居四级对外服务事项的代办服务。2007 年 1 月，经过 1 年试运行，老军营街道办事处开办了太原市首家便民服务网站，为社区居民提供咨询服务和生活指导。这个网站建设结构比较完整，内容比较齐全，主要包括办事处情况简介、组织机构、街道新闻、社区服务等八大特色板块，还及时公布了与居民生活密切相关的法律法规，充分体现出服务居民的特点。[02] 不同于其他省市、社区网站的是，这个网站不仅公布了办事处办事程序，还设立了为居民雇家政等服务信息，居民们可以通过该网站直接进入自己所属的社区，察看公告、留言、招聘信息、社区婚介、旅游信息等。需要办理相关事项的居民坐在家里就上网轻松查询，然后带上相关手续一次性就可以办理完成。

分析：便民服务网站不仅能推进政务公开化、信息化，也能方便辖区的居民查阅各种资料，为辖区居民查询和办事提供了方便，真正实现了政务公开"进家中"。

01　太原市迎泽区政府工作报告 [R]. 太原：太原市迎泽区政府 2007，4.

02　太原市迎泽之窗网站 www. yingze. gov. cn，2008-01-16.

第五章　中心城区服务型政府回应力建设的实践探索

政务大厅的出现和发展是社会经济发展的客观需求催生的，与我国发展和建设和谐社会的目标是一致的，为公民开启了一扇"政务公开"、"阳光政务"的窗口。在相当长的时间里，这种服务型治理模式下的新公共管理必将具有旺盛的生命力。

五、倾听民声、沟通民意、化解民忧——"我们为您解忧愁"构筑公共信息回应平台

服务型政府应当是互动的政府，当代公共行政理论提出政府在公共行政中要努力构建与民众参与良性互动的机制，也就要求服务型政府应该是具有积极回应民众的互动政府。"服务型政府的建设过程就是政府与公民互动的过程，公民的积极参与是提高政府公共服务能力的必要条件。"[01] 这种互动意味着政府对公众的期待和要求要做出及时、负责、高效的反应，需要政府具有及时了解民意、反映民意的能力以及在公共政策中吸纳民意、体现民意、回应民意的能力。这是互动行政的核心能力。在必要时还应当定期地、主动地向公众征求意见，解释政策和回答问题。而"我们为您解忧愁"服务热线在政府和公众之间架起一个信息平台，成为政府与公众间的"连心桥"。

1．体察社情民意的绿色通道

(1) 百姓问政新平台

如何改变政府在人民群众心目中高高在上的官衙形象，如

01　孔详利.大力提高政府的公共服务能力 [J].中国行政管理，2004(11)：40.

服务型政府回应力研究

何加强政府与人民群众的血肉联系，如何切实为人民群众解决好他们在工作、生活和学习中遇到的包罗万象的"小"问题，为了构建公民回应性政府，2003 年 7 月 19 日，该区"我们为您解忧愁"服务热线 (号码：4044009) 正式开通，成为我省首家区县级便民服务热线。"我们为您解忧愁"服务热线 (号码：4044009) 是区委、区政府开通的一条全方位、全天候为居民群众、驻区单位服务的便民利民热线。开通以来，按照"有问必答，有难必帮，事事有着落，件件有回音"的要求，认真接听处理群众打来的咨询、救助、投诉电话 3.2 万余条，回复率达 100%、办结率达 98.8%、满意率达 94.7%，热线一年 365 天，一天 24 小时，不论是夜间还是节假日都随打随通，从不间断。大到想方设法买蛇药抢救被毒蛇咬伤的民工生命，解决一百多户居民长达三个月不能正常用电问题等，小到解决居民暖气不热、下水道堵塞、孩子上学难等问题，累计达三万多件，解决了一大批群众工作生活方面的急事、难事。[01]

(2) 公众监督新窗口

热线搭建了新的公众监督平台。一是为政府监督评价部门工作提供了新依据。热线管理办公室对需有关部门具体处理的事项全程跟踪督办，点对点监督，100％回访来电人，及时向来电人了解对办理结果的满意程度，并将办理结果、办结率、及时率、服务对象满意率等指标及时如实公开。各部门工作效率、工作质量、工作水平、存在问题一目了然，使政府监督更为直

---

01 太原市迎泽区"解忧愁"工作中心 ."我们为您解忧愁"服务热线 [J]. 太原工作，2007(1). 26.

第五章　中心城区服务型政府回应力建设的实践探索

观、具体、有效。二是为强化行政效能监督提供了新渠道。"我们为您解忧愁"服务热线从一开始就发挥了非常大的作用，它不仅解决了人民群众包罗万象的各类问题，同时也促进了政府各职能部门工作作风的转变。群众对部门及其工作人员工作中存在的服务不到位、效率不高、行政不作为、行政乱作为等问题，可以通过热线进行举报投诉。各单位相应设立解忧愁反馈机构，将热线反馈的涉及本部门的问题，以"投诉人获得满意答复，解决实际问题"作为工作的重要评判标准，组织人员，建立制度，积极围绕热线开展工作。

(3) 媒体监督新平台

热线开通以来，引起新闻媒体的极大关注。山西日报、山西晚报、山西电视台、山西人民广播电台、太原日报等省市多家新闻媒体，积极与热线联系寻找新闻线索。热线网站成了记者获取信息的重要渠道，热线公布的信息成了媒体评价部门工作的重要依据。各个媒体对积极解决市民来电反映的问题的生动事例、典型做法进行及时广泛的宣传，对交办事项落实不力等问题进行有效监督，产生了良好的社会效果。

(4) 群众政府连心桥

在热线成立之时，热线管理办公室同时加挂了"市民意见征集办公室"的牌子，主动接受谏言建议是热线的一项重要职能。群众对政府工作、城区发展、公共管理、项目建设，以及医疗教育、社会保障、劳动就业等公共服务方面的意见和建议，可以通过热线电话或者热线网站向政府反映，热线管理办公室及时整理、汇总，编制简报、专报、来电摘报，供区领导及有关部门参考使用。热线开通以来，许多市民积极谏言建议，热线成为政府了解社情民意、群众参与社会管理的主要窗口。

(5) 居民生活好帮手

政府便民热线 24 小时不间断服务，居民可以随时获取所需信息，解决生活中的各种疑难问题，极大地方便了居民的生活。居民从点点滴滴的服务中感受到了"解忧"热线带来的便捷，"解忧"成了群众生活的好帮手。

热线开通以来，政策法律、政务服务、劳动就业、长途客运、列车时刻、公交线路、旅行信息、酒店服务、城市规划、道路改扩建等信息咨询、航班查询、订票服务等，是居民来电的热点。遇到问题拨打"解忧"热线已经成为一些市民的生活习惯。同时，热线管理办公室及时分析居民来电，对生产生活有指导作用的问题、需要提醒居民注意的问题，联合报社、电视台等新闻媒体及时宣传报道，指导群众生产生活。

(6) 政府工作晴雨表

热线是检验部门和单位优质高效工作的试金石和晴雨表，如果一个时期热线没有给我们转来问题，那就说明工作开展得不错。比如针对热线一段时期以来，反映市容环卫方面问题较为集中的情况，迎泽区在全市率先推行了市容环卫体制改革，主要街道的市容卫生初步实现了长效管理，市容环境有了较大的改善。"解忧"热线已经成为该区的一张名片，"4044009"成了象"110"、"119"、一样深入人心的号码，深受群众的欢迎和热爱。

(7) 在线服务网络化

"我们为您解忧愁"除了"生活服务"、"政务服务"、"便民

第五章　中心城区服务型政府回应力建设的实践探索

电话"等内容外，还提供了"在线解答"。在办好热线电话的同时，"解忧"中心又在互联网站上开通了"我们为您解忧愁"网页，并在网上受理居民群众的咨询、求助和投诉。

2．深入人心的工作流程

"解忧愁"服务中心下设 31 个"解忧"工作站，配有专门的工作人员，服务中心下设两个工作网络，分别提供行政类和生活类的服务。全区各有关单位和部门的"解忧"工作站站长由主要领导担任，行政办公室主要负责人担任副站长。"解忧"热线具有三级平台联动的强大优势。各区政府、区属委局办为一级网络联动单位。各区的乡（镇）政府、办事处、委办局及各级网络联动单位所属企业、院、所、站、队等为二、三级网络联动单位。在一级网络联动单位安装了专线电话，确定了信息员，解答市民提出的问题，确保政务信息及时、准确传递。同时，建立了三方通话制度和来电录音审查制度，随时审查转接各单位的电话，及时纠正各单位工作人员在解答来电人提出的问题的过程中存在的问题，形成全方位的服务网络。[01]

"解忧愁"总的工作流程是：受理→办理→反馈→回访。具体流程如下：

一是行政类问题。所谓行政类问题，就是需要政府力量解决的问题。行政类受理事项主要包括行政求决类问题、行政咨询类问题和行政建议类问题。辖区内居民和驻地单位通过热线，

01　太原市迎泽区"解忧愁"工作中心．"我们为您解忧愁"服务热线 [J]．太原工作，2007(1)．29．

服务型政府回应力研究

既可以对迎泽区的经济发展、城市建设和管理、社会事业提出意见、建议，也可以了解、咨询区党政机关工作职责、办事程序、政策规定。在行政类问题中，行政求决类和行政建议类问题由两办分批到各工作站和部门办理，办理情况在规定时限内反馈中心，再由中心工作人员答复来电者（见图1）；而对于行政咨询类问题，就要求我们的服务使者，当场答复，或者向有关部门咨询后再行答复求助者（见图2）。

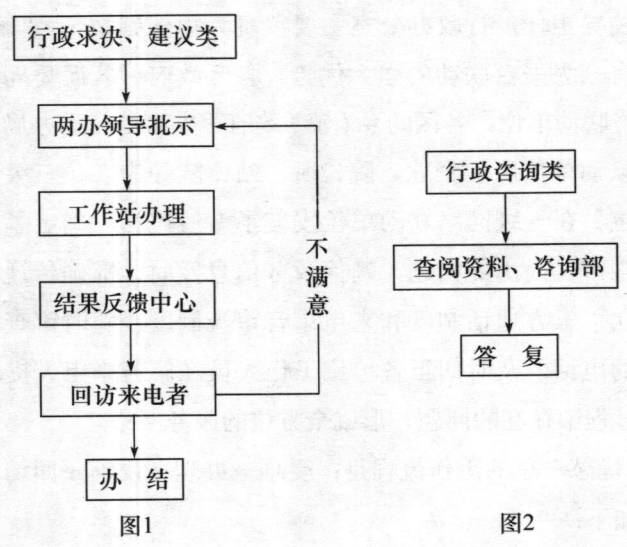

图1   图2

第五章　中心城区服务型政府回应力建设的实践探索

　　二是生活类问题。生活类问题主要包括生活求助类问题和生活咨询类问题。生活求助类的工作网络由我区提供有偿服务的加盟企业和为鳏寡孤独、老弱病残等困难群体提供义务服务的志愿者队伍组成。求助类问题的办理程序是：①中心受理；②联系加盟企业或志愿者；③提供服务；④回访来电者。生活咨询类问题，则由服务中心工作人员查询相关信息后，直接答复来电者。(见图3、图4)

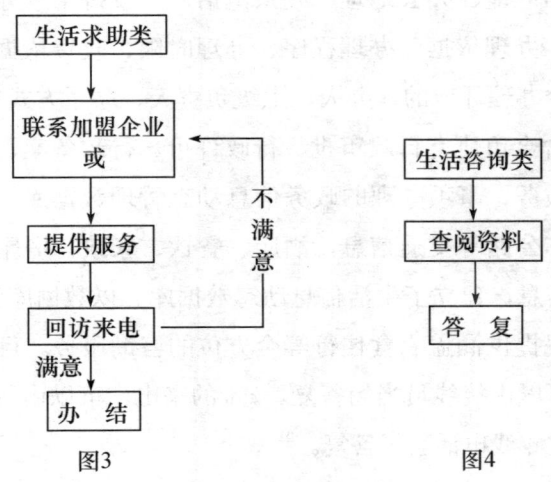

图3　　　　　　　　　　　　　　图4

服务型政府回应力研究

3. 亲民爱民的运行机制

为了及时准确地解答市民来电，热线建立了功能强大的数据库，动用大量的工作人员，历时 4 个月，采集了各县 (市、区)、市直各部门及其所属事业单位、公共服务部门 (包括水、电、气、暖、公共交通、公共卫生、社会保障、劳动就业等部门)，纵深到基层站所、乡街、社区等 1900 多个单位的 60 余万条政务和公共服务信息，具体包括每个单位的法人代表、组织架构、部门职能、办公地址、联系电话，以及每个承办事项的办理条件、办理依据、办理程序、办理时限、收费依据、收费标准，每个办理环节的承办人、上级负责人、联系方式等信息，建立了包含全市所有行政审批、行政许可、行政备案、行政监管、公共服务、事项办理的政务信息动态管理数据库。采集民航、铁路、公路等交通信息，酒店、餐饮、家政、房屋中介等生活服务信息，建立了生活信息动态数据库。以数据库为支撑，热线为市民提供涵盖衣食住行等全方位的咨询服务。目前 70% 的来电，可以由接线员当场答复。5% 的来电，可以由各单位工作人员通过专线电话当场答复。[01]

案 例

行政咨询类事例选登

教育工作咨询 [02]

---

01 太原市迎泽区 " 解忧愁 " 工作中心 . " 我们为您解忧愁 " 服务热线 [J]. 太原工作，2007(1). 28

02 我们为您解忧愁月报 [N]. 2006(9—10). 7.

第五章　中心城区服务型政府回应力建设的实践探索

外来务工人员子女上小学需持何种证件

2006 年 9 月 19 日，王先生来电询问，外来务工人员子女在太原上小学需持哪些证件？中心人员经向教育局教育科咨询得知须持三证：1. 由公安部门开具的暂住证；2. 原户籍所在地开具的《流动人员婚育证》；3. 原户籍所在地教育行政部门、乡镇或学校的证明。告知王先生后，他向中心表示感谢。

行政求决类事例选登

马路市场求决 [01]

占道卖小吃　执法局取缔

2006 年 9 月 15 日，张先生来电称，老军营小区 36 中西门对面，有卖鸡蛋灌饼的小商贩占道经营。中心受理后，速将此问题转至城管执法迎泽分局处理。之后，执法分局答复中心，六中队执法人员前去现场，对占道经营者进行了清理。

生活求助类事例选登

管线维修求助 [02]

下水管道堵　拨打热线修

2006 年 9 月 2 日，郭先生来电，他家厨房的下水道堵了，希望中心提供帮助。接电后，中心人员速为其联系了渊海家政服务公司，对方表示会速与郭先生联系。9 月 4 日，中心人员回访郭先生，他表示"渊海"已经为其疏通了管道，他对渊海的服务态度和收费价格均表示满意，并向服务中心表示感谢。

生活咨询类事例选登

01　我们为您解忧愁月报 [N]. 2006(9—10). 3.

02　我们为您解忧愁月报 [N]. 2006(9—10). 10.

服务型政府回应力研究

电话号码咨询⁰¹

光大银行的客服热线咨询

2006年9月15日，常先生来电询问光大银行的客服热线。中心工作人员查询后告知常先生，光大银行的客服热线是95595，常先生听后，向中心表示感谢。

分析："解忧"热线正是以这五类问题为依托，打造为民服务的服务平台，提供优质高效的政务服务和生活服务。群众通过"解忧"热线这一社情民意的绿色通道，便捷地反映了自己对政府的诉求，化解了许多影响社会和谐的不稳定因素。一条热线拉近了政府和人民群众的距离，改进了政府职能部门的工作运行状态，热线现在不仅受理电话，还在受理群众问题之余，展开政府某方面政策措施的宣传，或是在一项制度出台前，主动征询群众的意见和建议，为决策提供佐证。通过"解忧"热线反映的民情民意，区政府可以真正了解群众的所思所想所忧，及时的解决群众遇到的困难和问题，使热线成为一种双方的互动，使之更好地服务群众、服务政府决策，成为构筑政府服务群众的坚实平台、联系群众的绿色通道，大大提高了政府的回应力。为推进政府职能转变，打造服务型政府，构建和谐社会，发挥了积极的作用。

(3) 全程监督

热线管理办公室对需有关部门具体处理的事项全程跟踪督办，点对点监督，100%回访来电人，并对处理过程和处理结果

---

01 我们为您解忧愁月报 [N]. 2006(9—10). 10.

如实及时公开。对行政求决类事项，"解忧"中心在转交有关部门和单位办理的同时，报告区政府分管领导，由分管领导进行督促指导。对群众反映强烈、涉及部门较多、解决难度较大的问题，由区委书记和区长主持召开协调会重点解决。对长时间无答复，群众不满意的问题，由区委办公室、区政府办公室按职责分工填写催办卡，督促有关部门继续办理。把"解忧"工作纳入目标责任制考核范围，与行风评议、干部考察、评忧评先结合起来。

综上，与传统的管制行政或管理型行政不同，互动的服务型政府强调行政过程中对公众需求的回应，对环境变化的适应性；强调行政的开放性和灵活性，克服行政的僵化和保守，从而为政府的行政活动注入活力和生机。而具有积极回应的互动政府其实质是一种服务型政府，这样的政府才能有效地提高政府服务的水平和质量。

六、商贸兴区、三产立区、民营强区——区构筑商务服务回应平台

经济不发展，服务型政府建设便成了无源之水，难以获得持久的动力，所以如何发展经济，在发展中解决发展的问题，为服务型政府建设奠定良好的基础，始终是欠发达地区政府施政首先要考虑的问题。2005年3月，温家宝总理在政府工作报告中，首次明确提出"促进中部地区崛起"，引起了中部省份(包括山西、河南、安徽、湖北、江西、湖南)极大关注。"中部崛起"是我国继特区建设、沿海开放、西部大开发和东北老工

业基地改造之后的又一个区域发展战略，事实上，中部与东部在经济实力和经济发展水平上的差距，主要是由这些地区的城市在经济实力和发展水平上的差距决定的。

城市中心区，顾名思义，是城市中心最繁华的核心商业区，是城市经济聚集度和规模经济效益最高的地区，是城市经济运行的枢纽和心脏。因此，在城市的建设和发展中，中心城区对其它城区的经济发展发挥着巨大的影响。大力促进中心城区经济的发展，可以繁荣城区经济，改善城区服务环境，提高居民生活质量，增加居民在企业的就业率，直接增加居民收入。

城区地处省城太原市的中心位置，是省城的核心城区，是第三产业集聚发展的区域。第三产业是该区的优势。而第一、二产业相对较弱，分别集中在农村和城乡结合的较大地区，2007年第三产业增加值，占到全区生产总值的83.8%。[01]同一般城市中心区一样，城区第三产业的发展有诸多优势：一是基础条件优越。处于城市地理中心和经济中心，交通便利，通信发达，各项市政设施比较完备。二是经济实力雄厚，是城市多年投资和经营的重点区域，特别是聚集了数量众多的商贸、餐饮、娱乐、金融等服务业，具有较强的商品集散能力和生产要素配置功能。三是消费潜力巨大，是常住和流动人口最多、人口密度最高的地区，并有着悠久的消费传统和引领时尚的消费氛围，消费人群的数量和购买力尚处于较高水平，对外来投资者特别是第三产业的投资者具有天然的吸引力。四是人文素质较高，

---

01 太原市迎泽区政府工作报告 [R]. 太原：太原市迎泽区政府，2007. 4.

第五章　中心城区服务型政府回应力建设的实践探索

文化设施齐全，教育科研机构集中，各类人才荟萃，有着深厚的传统文化积淀和浓厚的现代文化氛围，能够为经济发展提供强大的智力支持[01]。

2007 年 3 月区经济运行监测[02]

指标名称	计量单位	3月	1－3月	增长速度(%)
区生产总值(季报)	万元	*	448144	10.3
第一产业	万元	*	43	−41.9
第二产业	万元	*	56407	19.1
第三产业	万元	*	391694	9.1

　　分析：第三产业发展已成为推动该区经济社会发展的重要动力，经济形态呈现出典型的第三产业拉动经济增长的城区特征。因此结合区情，发展服务业，既是我区经济发展的重中之重，也是我区的优势所在、命运所系。

1. 传统服务业提质升级，构建绿色经济体系

　　该区不断巩固传统商贸优势，传统商贸业大幅提升，经济总量快速增长。近几年来，在柳巷、桥头街地区建成了 38 平方米的商业街区，扶持华宇、贵都等优势企业增强了发展后劲，培育了联洋、金港、海外海等一批大型商贸商务企业，引导形

01　郝晓军 . 关于城市中心区经济发展的思考 [J]. 中国城市经济太原建城 2500 年专辑，2003.

02　太原市迎泽区统计局太原市迎泽区国民经济统计资料，2007. 3.

成了全国百城万店无假货示范街、开化寺街等 6 条特色商业街、六味斋、双合成等老字号和美特好等连锁超市便民商业网点不断向社区延伸。同时，严格执行"绿色高压线"，关闭了全区所有煤矿，取缔了一批土小企业。加大了对街道两侧产业发展的管理力度，引导污染环境的小饭店、小作坊转到便民绿色行业上来。

2007 年，美特好、华宇的年销售收入分别净增 23367 万元和 7559 万元，分别比上年增长 21% 和 16%；鼓励"老字号"企业创新发展，双合成、六味斋等连锁经营快速扩张，双合成放心便民早餐车遍布全区主要街道，纳税额增长了 56.5%；引导产业特色街区健康发展，开化寺、桃园路等街区的带动力和影响力不断增强，柳巷商贸圈和朝阳街商贸带的集聚优势不断扩大，2007 年第三产业增加值占地区生产总值的比重达到 84.7%，比 2006 年提高了 0.9 个百分点。[01]

2. 提升经济发展水平，加快现代服务业发展

随着城区消费水平的提高，消费结构正在发生重大变化。教育、医疗、旅游、电信、信息和家庭娱乐、家政服务、金融保险等消费迅速增长，对现代服务业的需求明显增强。传统服务业已不能满足城区居民对生活质量、丰富生活内容的要求。因此，我们要大力发展现代服务业将有力的推动公共体制改革的深化，促进公共服务业的建设和发展，合理配置公共服务资源，进一步完善公共服务体系，努力提高公共服务供给效率和

01　太原市迎泽区人民政府. 政府工作报告 [R]. 太原，2007. 4.

第五章　中心城区服务型政府回应力建设的实践探索

效益。

为此，区政府积极参加"中博会"、"珠洽会"等招商引资活动，使一批科技含量高、经济效益好、投资规模大的项目入驻，成功引入北京中关村科技入区经营，新建了云天数码城等一批新型商业企业。[01] 商务会展、广告策划、中介咨询等新兴产业比重不断提高，为服务业发展注入了新的活力。

3．创优招商引资环境，完善留商、富商机制

服务型政府提供的服务对象，不能仅限于居民，服务企业也是政府服务功能中极为重要的方面。建设服务型政府要强化政府的市场服务职能，履行保护产权与维护市场经济秩序的责任，加快建设公平、规范、有序的市场环境。城区政府针对企业提供的服务，会对城区综合服务环境、对为居民的服务产生乘数（放大）效应。积极参与省市组织的全国性招商引资活动，更加周全细微地为企业提供服务，不断创优发展环境，改善工商秩序，稳定市场物价，进一步提高了投资的信誉度和吸引力。[02] 一批科技含量高、经济效益好、投资规模大的项目入驻我区，2007 年外来直接投资 6.14 亿元，外贸进出口总额 11.3 亿美元，新增个体私营企业 3000 余家，纳税额 50 万元以上的企业达到 188 家。[03]

01　太原市迎泽区政府郝小军，突出三个重点实施十大工程抓好四个保证全面加快"三区"建设步伐——在区委三届二次全体会议上的讲话 [R]. 太原，2007-01-23.

02　太原市迎泽区人民政府 . 政府工作报告 [R]. 太原，2007. 4.

03　太原市迎泽区人民政府 . 政府工作报告 [R]. 太原，2007. 5.

经济发展水平是衡量一个地区经济发展和人民生活水平的重要标志。大力发展经济可以满足居民群众不断增长的物质生活、精神生活、就业的需要，缓解日益加大的资源环境约束，实现小康社会的目标。离开经济的发展，服务型政府的建设就成了无本之木、无水之源。

七、以人为本、关注民生、提供服务—构筑服务型政府公共服务平台

1. 打造宜居城区，提升城市形象

中心城区应是人类居住和全面发展的理想场所和重要载体，政府只有这样理解城市，才能对一个城市的建设、规划和管理，上升到一个新的水平和层次。因此，区政府 2007 年对迎泽大街及微循环道路、青年路、滨河东路、南内环街等道路进行了高标准的综合整治，拆迁面积达 16.6 万平方米，新建改建绿地 3 万余平方米，栽植乔灌木 2 万余株，城市建成区绿化覆盖率达到 27.92%，比 06 年提高了 0.63 个百分点。同时，打造了劲松路、康乐西街等 10 条精品景观街道。依托信息化管理系统，使城市精细化、动态化、网络化管理水平明显提高，在绿化、美化、净化等方面实现了新跨跃。此外，大力实施"蓝天碧水"工程，新建高污染燃料禁燃区 1.85 平方公里，总面积已达 7.85 平方公里。

第五章　中心城区服务型政府回应力建设的实践探索

2. 城乡协调发展，推进新农村建设

构建服务型政府，必须城区与农村协调发展，比翼齐飞。城区在大力进行城区建设的同时，十分重视农村各项事业的全面发展。25%的村实现了主干道硬化、街巷绿化、路灯亮化和村容村貌净化，充分利用东山地区的生态环境和产业基础，启动了以"农家乐"为主的休闲旅游农业项目，特色种植养殖规模和效益不断扩大，促进了农民增收。新建改造了一批农村学校、文化室和卫生室。大力实施新型农民教育培训，转移农村富余劳动力。积极推进新型农村合作医疗制度，农民参保率达87.51%。[01]

3. 努力扩大迎泽区社会保障覆盖面

2007年城镇新增就业28581人，下岗失业人员再就业11593人，"4050"等就业困难人员再就业2110人。通过政府购买公益性岗位等多种渠道，零就业家庭就业问题得到较好解决，城镇登记失业率控制在2.6%以内。企业养老、失业、工伤、生育保险参保人数均有所提高。积极推进城镇居民基本医疗保险工作，07年区财政安排150万元，提高了参保人员的补助标准，扩大了覆盖面。不断完善社会救助体系，全年共为城乡5202户、9294人发放低保金1742万元，为350人（次）发放大病救助金73万元，为4396户、6370人（次）实施了爱心超市救助，为50户困难群众发放了廉租房补贴，为72户农村残疾人家庭和特

01　太原市迎泽区人民政府. 政府工作报告 [R]. 太原，2007. 5.

困家庭新建、改造了住房。在农村实现了免费义务教育，在城市推行了困难家庭学生"两免一补"，使 3700 多名学生受益。[01]

4．统筹迎泽区经济社会和谐发展

城区政府不仅为经济发展提供公共服务，而且大力发展各项社会事业。区政府不断推进科技创新，专利成果转化率达到 39%。加大教育投入力度，对农村学校、薄弱学校进行了改扩建，通过实施整合教育资源、深化课程改革、加强信息化建设、推进素质教育和提高师资队伍水平等工程，全区优质教育资源进一步扩大。积极实施"文化塑区"战略，成功举办了"首届和谐双塔白云文化旅游节暨第 23 届牡丹艺术节"等文体活动，城乡群众文化生活日益丰富。加强公共卫生应急体系建设，完成了区卫生监督和疾病预防控制体制改革。进一步健全和完善社区卫生服务网络，07 年社区卫生服务机构覆盖率达 87%，比 06 年提高了 6 个百分点。

八、中心城区服务型政府回应力建设的思考

公共选择理论认为，政府工作效率大多不尽人意，其根源在于政府服务具有公共性、垄断性而缺乏竞争性。公众只能被迫接受政府提供的公共政策而没有别的选择。从另一个角度来说，政府回应机制的本质就是要政府把公共政策社会化，从而最大程度地提高政府的公共服务性和提高行政效率，但是，政

01　太原市迎泽区人民政府．政府工作报告 [R]．太原，2008．4．

第五章　中心城区服务型政府回应力建设的实践探索

府从垄断的社会管理中获得更多利益，难以放弃既得利益进行制度改革，完善政府回应机制。因此，政府与社会的关系是服务型政府职能转变的关键。在各地服务型政府建设进程中，虽然建立了民意表达和公众参与的途径，但仍然存在回应模式单边而被动，以政府为本位，政府与公民间关系不对等，回应力及回应性不足、忽视公民参与，公众参与制度缺失的问题。这些问题导致政府关注效率而忽视了公共利益的价值取向，并弱化了政府对公众需求多样化的回应，使得服务型政府回应力建设遇到了瓶颈。

1. 明确政府职能定位

政府回应力与政府职能是密切相关的，因而区政府在进一步推进服务型政府建设时，应该首先明确当前公共服务供给的范围和重点，明确政府及管理人员承担的职责、履行的职能和义务。转变政府职能仅有机构撤并、人员裁减而忽略流程再造、职能转变，只能再次陷入机构"分—合—合—分"、人员"精简—膨胀—再精简—再膨胀"的恶性循环。究其实质，服务型政府回应力的提升的基本价值理念是为了提升政府的公共治理能力。服务型政府的改革目标更多的体现为对政府服务职能的强调，政府职能建设不能简单强调"从以统治为中心向以管理为中心的转变"或"从以管理为中心向以服务为中心的转变"。因为它们不是对立和替代关系。[01] 服务型政府回应力的机制探索

01　朱光磊，薛立强.服务型政府建设的六大关键问题.南开大学学报（哲学社会科学版）2008.1

中，首先要明确职能定位。政府职能的定位应以社会为取向，更多地从公民的角度去评判回应型政府的权能，政府职能不仅限于政府提供公共服务也不排除管理也，更不是全能主义政府的回归。

政府职能规定了政府管理活动中最基本、最主要的工作，反映着政府管理活动的基本方向和实质内容。政府职能包括国家的政治职能和社会职能，现在各级政府存在社会管理和公共服务两方面的职能略显薄弱的问题。从总体看，政府职能中缺位和越位的问题仍然存在，没有明确服务与管理两种功能，为服务而服务。纵观各地服务型政府建设大多是技术层面采取的措施，如改善服务态度，简化办事程序，实行电子政务及行政效能等，而在制度供给及执行方面存在不足，并未涉及管理理念和体制等方面的深刻变革。职能定位中对不同服务对象提供不同的服务，重公共服务投入忽视行政成本控制，重政府服务职能忽视管理控制职能，重公平而轻效率，重政府部门内部建设忽视整体合作。

服务型政府相比以往我国的执政模式是一次巨大的创新和进步，其执政理念的核心是"以民为本"。从总体上看，服务型政府的目标要求提升我国政府的回应能力，要求政府部门的执政理念从政府本位转向公民本位，政府的一切工作时刻都要从公民需求出发，强调公众利益至上，重视服务质量、强调政府的责任，努力提高人民的满意度。政府对公众诉求的回应是自发的，也是有保障的，相对于管制型政府模式下的政府回应具有质的变化，它要求我们创新公务员的选拔和培养制度，建设

第五章　中心城区服务型政府回应力建设的实践探索

一支廉洁、精干、勤政的公务员队伍，为提升政府回应能力积累丰富的人力资源。每位公务人员都要不断提升责任感与使命感，以对民众的人文关怀、及时有效回应民众利益诉求的实际行动来树立政府的亲民形象，提高行政效率，为构建和谐社会，促进社会全面发展提供不竭的动力源泉。还要求我们在改革中进一步变革政府层级架构，改革因政府层级过多限制政府回应能力的弊端，拉近政府与民众的距离。国家已明确提出了"优化组织结构，减少行政层级"的目标，部分省份也已在经济层面试行了省直管县，这为以后撤销市级建制打下了基础。

地方政府在公共服务范围上应限定在混合性的公共物品上，对于核心公共物品只能由政府来进行提供，而现在地方政府存在公共服务提供范围不明确的问题。一方面是过多介入了本应该由市场和社会完成的管理职能，另一方面，又存在着本该由政府自己提供的核心公共服务供给不足的情况。地方政府应该在明确与市场、社会二者在职能上的界限，创新同政府组织、私人在公共服务供给方式上的合作，重新界定公共服务的范围。同时，迎泽区公共服务市场化程度和社会化程度较低，主要体现在社会保障服务和公共卫生服务已经向社会资金和社会组织开放了，但公共服务市场化程度还比较低。和我国相对落后的中西部地区的地方政府一样，市场经济发展滞后，社会自我管理功能较弱，政府的财政公共服务不足，公共服务效率低且成本高，如果地方政府不能充分利用市场和社会的力量来提高公共服务效率，降低相应成本，那么就更不可能发挥其应有的功能。

正如"黑堡宣言"所宣称的："公共行政者必须负责任地做出回应，这就是说，对合乎宪法和法律的特定的正当要求做出回应。不过，公共行政者对选民选官员或公民的回应是有所不同的，不应该是'地震仪'，也不是雇佣的仆人，更不是忠实的仆人，只有这样，它才能在回应这个词中体现最高层次的负责任。"[01] 同时，政府不是一成不变的，基层政府和高层政府的职能各有侧重，不同层级的政府职能应有区别。

2．回应力制度建设

从政府建设服务型政府回应力的举措来看，公民参与大多成为政府单方面的行为，社会和公众并没有积极参与其中，这种单方公开造成政府对公众的需求不了解，公众意愿表达渠道不畅，被动接受政府服务等现状。同时，一些政府工作人员尚未完全形成"服务行政"理念，而社会公众也存在政治参与意识不强的问题，使政府的服务不能有效的延伸。

(1) 政府执行力弱

基层政府回应的执行力是指基层政府在回复的处理方案中的执行力度和效果，它强调的是执行的效果。当前基层政府回应存在执行力弱，有回应而无执行的问题。一个回应力强的政府不仅要积极回应公众和社会的诉求，更要应当保证这种回应落到实处，基层政府应负责任的行使权力，利用人民赋予的权力为人民造福。

01　[美]加里·万斯莱等．公共行政与治理过程：转变美国的政治对话 [J]．段钢译．
　　中国行政管理，2002(2)．

第五章　中心城区服务型政府回应力建设的实践探索

政府权力的运用和公众对政府权力的认可，体现着二者之间特殊的回应关系。政府对公众的期望是理解政策、执行政策，公众对政府的期望是政府官员的行为符合某些公认的社会准则和在与政府交往的过程中能够满足自己的利益要求。但在现实中往往存在着这样的情况：政府是回应了，法律是回应了，政策是回应了，但就是不执行或拖延执行。及时性是政府回应的基本要求之一。它要求政府在回应的过程中不得无故拖延或没有下文，它强调在"第一时间"、"第一地点"把握处理突发事件的主动权，迅速反应、快速行动、积极改进，与公众建立良好的沟通与协商机制，以便通过合作管理过程改进工作思路，提高公共服务的质量。

(2) 回应理念的滞后

理念决定行为，行为决定效率，政府行政决策理念的错位或者步入误区造成决策制度改革的精神动力不足，是决策回应机制建立的一个"瓶颈"。政府决策者是公仆，是为民众服务的，他们并不是"为民决策"或"为民作主"，回应制度就是要打破这种传统观念，是"让民作主"。[01] 不改变这种观念，回应制度就难以建立。其次是求真务实的行政作风与行政责任淡化。当前行政管理中的空话、大话、废话和假话现象直接影响了政府公共决策的权威性和执行的有效性，领导人对行政决策并不需要承担最终的责任，经常出现随便决策和错误决策无人负责的现象。

01　陈振明等.政策科学原理 [M].厦门人学出版社，1993：158、163.

服务型政府回应力研究

迎泽区政府管理的理念发生了很大的变化，公务员的责任意识、服务意识也在不断增强。但还存在政府回应意识不强，一些公务员的责任意识、服务意识不强，对公共服务的本质认识尚未理清的情况，从而成为制约政府回应能力提高的重要因素。政府回应理念的错位或者步入误区导致政府的回应意识还较弱，官本位、人治的思想在部分政府官员的头脑中根深蒂固，不改变这种观念，回应制就难以建立。在发展经济方面尚未理清政府是发挥主导作用还是促进作用，在提供公共服务方面尚未理清政府是为企业服务还是为公众服务。而服务型政府的本质在于其公共服务的价值取向，要求政府由主导经济发展转变为指导经济发展，由权力意识转变为服务意识，由管制导向转变为服务导向，做到切切实实地提供公共服务，及时、负责、有效地满足社会和公众的公共需求。但是，在现实中，基层政府官员把主导经济发展仍视为中心工作，较少关注甚至忽视向人民负责、为人民服务，乃至认为发展经济和服务企业就是为人民服务，把经济发展当做解决社会民生问题的唯一方法。但是发展经济不一定可以有效地解决社会民生问题，相反在经济发展中还会不断出现更多更新的社会民生需求，同时如果大量的社会民生需求得不到有效地满足将会极大地制约经济发展。因此，基层政府在公共行政过程中只注重经济而轻视民生，会造成公共服务滞后，使为人民服务流于形式，从而导致其政府回应力弱化。

政府回应的前提条件之一是决策责任机制，责任机制建立不起来，政府回应便无从谈起。再者，政府的行政决策思维方

第五章　中心城区服务型政府回应力建设的实践探索

式落后，表现在行动上就是一切为领导服务，不是真正为公众服务；只对上负责，不对下负责，甚至对群众的疾苦不闻不问，对群众的诉求互相推诿。正是由于回应意识的缺乏，回应能力不强，导致政府执行和决策行动迟缓。政府工作人员素质普遍偏低也是影响政府公共决策回应制度建立的重要因素。[01]

在"以民为本"行政理念指导下的服务型政府行政模式下，政府会高度重视社会公众的权利表达和意愿要求，及时回应并有效解决社会公众的公共需求，由此形成政府与公众之间的良性互动，从而使政府回应力得到不断地增强。但是，目前难以树立"以民为本"的行政理念，而"以政府为本"的行政理念指导下的管制型政府行政模式还处于主导地位。有调查表明，有77.9％的人认为我国政府模式是国家控制型和政府管制型。在这种情况下，一方面，政府的运作仍然突出对社会的管理和控制职能，并在国家和社会事务管理上处于绝对统治位置，而法律对公民权利的保护和行使依然缺失，致使社会公众不能有效地参与国家和社会事务的管理，处在参与管理的边缘和受支配的地位，从而导致政府的公共行政活动不能及时有效地回应和解决社会公众的诉求。另一方面，"以政府为本"的政府行政模式使得基层政府在工作中只懂得向上级政府负责，而不重视社会和公众的需求，从而容易形成官僚主义作风、官本位思想以及忽视法治理念、漠视现代契约观念，致使基层政府及其公务员不以社会和公众的需求为工作的出发点和落脚点，也就

01　李伟权，曹琨. 简论我国政府公共决策回应机制的实践与探索 [J]. 江西行政学院学报，2003：29—32.

不能及时有效地回应和解决社会公众的诉求。所以说，"以民为本"的行政理念的缺失使得难以增强基层政府回应力。

(3) 回应制度建设有待深化

城区政府不断探索实践了一系列的政府回应制度，满足了公众的一些诉求，收到了一定的效果，决策公开制度等等都逐渐开始在政府部门出现并开始推行，也在一定程度上产生了影响，但现有的回应制度还不健全，制约着政府回应能力的提高。

区政府虽然制定了政务公开、公示和听证等措施，但是缺少相应的具体的、可明确验证的规定，尚未形成制度化。如政府规定重大事项要公示，重要决策要进行听证会和专家论证会。但是，并没有具体说明达到哪种程度就可以算"重大事项"和"重要决策"，以至政府的随意性较强，公民还是处于只有听命的地位，制度尚不健全。而行政收费、公务消费、政府重大投资工程预决算等政府收入和支出作为政务公开的重要内容，需要增强财政管理的透明度；要以教育、医疗、环保、公共交通等行业和领域作为重点，推动涉及群众利益的公共企业事业单位办事公开，方便群众办事和监督。从许多回应制度和公共政策的制定来看，由于缺乏制度上与法律上的保障，或者由于实施的程序不完善，缺乏应有的操作性，因而实施的效果并不理想。政府回应是我国政治发展的大势所趋，但是现在却缺乏足够的来自于政府系统的回应载体与措施，不能够建构起全面的政府回应制度，因而其政府决策回应能力也是有限的。这不仅不利于实现政府公共行政决策的民主化、科学化，也不利于维护公众的切身利益。

第五章　中心城区服务型政府回应力建设的实践探索

3．完善回应渠道

(1) 政府载体回应力不够，公民参与渠道不畅

政府回应必须通过有效的载体才能更好地实现，传统的政府调查和统计等方式作为决策回应的依据已经远远不能达到回应的要求，目前我国相关媒体作为回应的一个重要载体还没有发挥其相应的作用，政府自身的机构如信访办、政策办、社情民意中心作为回应载体其作用十分有限，人们曾寄予希望的电子政府还没有实现决策回应的功能。当前我国县级政府决策回应能力的不足，效能的低下，很重要的原因在于回应载体的不完善。基层政府的传统回应载体建设虽然获得了长足进步，但是其作为一种被动的回应渠道的性质尚未改变。而在现代回应载体建设上，基层政府上网工作虽然取得了一定的成效，部分公共行政事务已在网上进行，社会公共服务功能也得到了不断发展，但是总体上，基层政府上网还处于初级水平，其服务功能尚未健全，并且大多数政府网站不是由政府部门自主进行维护和管理，因而在公共行政事务处理过程中难以做到及时、负责、有效的回应，从而造成基层政府回应力的弱化。这主要是因为：一方面回应平台建设不足。基层政府虽然在传统回应载体建设上不断进行完善，然而，随着信息社会的来临，基层政府也纷纷推进电子政府建设，从而构建起政府与公众之间的互动机制，使得公众可以便捷地获得政府的公共服务，而政府也可以及时地获取公众的公共需求，进而增强基层政府回应力和责任性。现阶段

基层政府对电子政府建设也取得了重大进展，在回应公众的公共需求方面发挥了重要作用，但总的来说，电子政府对民意表达、回应公众等方面还存在较大的功能缺陷，如政府信箱、在线投诉、网上举报等反馈功能明显不足，即使开设民意调查、意见征集、网上在线交流等栏目，也因为管理不善，造成回应效果很差，不利于增强基层政府回应力。另一方面表达渠道不畅通。目前政府与公众之间的相互沟通渠道主要是人大代表提案、公民听证以及公民上访等三种形式，而其它沟通形式还处在自发和摸索当中。在现实生活中，由基层民众直接选举产生的人大代表，由于其参政议政受时间、能力、意见采纳等多种因素的影响，并且又受代表人数较少的制约，由他们代表选区民众意志表达需求获得政府回应的效果仍然较差。听证制度是现代民主政治和公共行政民主化的重要制度安排，是政府机关基于公平、公开、公正的原则，在做出涉及公民、法人或其他社会组织利益的重大事项或决定前，充分听取公民、法人或其他社会组织的意见和建议的程序过程。而基层听证制度还处于起步阶段，其构建过程中存在较多负面因素，如听证代表的代表性不足、听证程序的合理性不足、听证过程的透明性不足、听证结果的权威性不足等，造成基层政府回应力的效率偏低。另外，公民上访由于信访部门对诉求问题没有直接处理权力，需要向其他部门转交，造成回应严重欠缺。其他上访形式如领导接待日、座谈会等具有明显的个人色彩，公众表达的诉求能否得到及时、有效的解决和处理，在很大程度上全凭领导个人因素的影响。

第五章　中心城区服务型政府回应力建设的实践探索

(2) 基层公民社会尚未成熟

公民社会是善治的基础，没有一个健全和发达的公民社会，就不可能有真正的善治。公民社会是指独立于政府部门和私人部门之外的所有民间组织或民间关系的总和。在现阶段我国主要是社会团体、民办非企业组织以及公民自发成立开展有益于社会的各种公益性活动的非营利组织，它们又被视为"第三部门"，其特征主要有公益性、民间性、非强制性、非营利性、自治性等。第三部门作为民间组织，是一种产生于社会之中并为社会服务的公共组织，是公众利益和意愿的代言人，可以有效代表公众向政府表达意愿，与政府展开对话沟通，为政府提高政府回应效率、增进回应效果创造条件，为增强政府回应力提供支持。[01] 我国公民社会存在的主要问题在于制度安排存在严重缺失，如法制不健全、契约失效、宪法规定的公民结社自由未能落实等；民间组织的自主性、独立性、自愿性程度不高；社会结构两极化较为严重，中产阶级发展得不够快；民间资本的大量流失；社会的道德基础脆弱，诚信成为最希缺的社会资源。造成我国公民社会不发达的原因是多方面的，既有政府、制度、社会环境方面的原因，也有公民意识方面的原因。从公民的情况来看，公民的参与意识和参与能力还比较薄弱，对政府和政府官员还存在较大的依赖性，并没有意识到自己是政府在管理中必须与之合作的力量；公民的权利意识还比较缺乏，对于来自政府的损害他们利益的行为更多地采取容忍的态度。这是中

01　俞可平等. 中国公民社会的兴起与治理的变迁. 社会科学文献出版社，2002：190.

国公民社会发育不足的非常重要的原因。应该说，改革开放以来，我国的公民社会正在日益壮大，从而不断地弥补着政府能力的不足，改善着城市的治理状况，推动着治理向善治发展，但还存在许多问题。

在基层政府主要体现在第三部门发展不足、公众权利意识不强、公众政治参与不足等方面。首先，第三部门发展不足。我国第三部门的管理方式是采取双重管理体制，既受登记机关管理，又受业务主管单位管理，这是《社会团体登记管理条例》第6条的规定。业务主管单位拥有广泛的管理权限，又承担极大的管理责任，使得第三部门直接受置于政府的控制，导致其具有明显地半官半民的双重属性。从而造成第三部门在实际发展中，其组织形式往往参照政府机构编制，再加上自身素质明显不足，具备专业知识的人才短缺，运作资金难以筹集，管理不规范等，这些问题极大地削弱了第三部门的非官方性和自治性，严重影响了其发展。由此也影响了公民社会的成长，不利于增强基层政府回应力。

其次，公众权利意识不强。政府与公众的关系从系统论的视角来考察，可以更清晰地理解整个社会系统的复杂关系，政府只是其中一个子系统，其职能的履行需要社会和公众来承载，以及社会和公众的认同和支持，也就是说，公众是政府公共行政的土壤，形成了公共行政系统的外部环境。因此，政府回应性的效率与公众的意愿期望值密切相关，增强政府回应力需要公众的积极参与。从总体情况来看，改革开放后，公众的权利意识虽然得到了一定程度的加强，但是由于受到几千年的官本位文化和人治思想的严重影响，当前基层民众的权利意识仍然还较弱，只要基层政府行为没有极端地影响到个人的切身利益和安全，基本上对政府的不当行为只是无奈和容忍的反应，极少有人会对政府提出公开批评和监督。当个人遇到不合理的情况时，对自己的合法权利受到侵犯往往认识不清，不积极主动维护自己的权利，向政府提出诉求和要求回应，反而是忍气吞声，不去伸张自己的合法权利。这样使得基层政府回应力在没有较强的外部压力要求下日渐弱化。

最后，公众政治参与不足。基层民众的政治参与整体上参与状态较低，对民主政治生活认知匮乏，缺乏积极参与政治的要求，对于他们而言，政治参与基本上是一种动员性的被动参与，处于低层次的参与状态，如参加基层人大代表选举、村长选举等。另外，由于基层民众的政治文化素质还较低，参政议政能力也较弱，再加上个人的自身素质、世界观、人生观、历史观、受教育程度、经济条件以及社会文化状况的影响，公众对参与公共行政的角度、参与的深度以及对具体公共政策和措施的认知难以达成一致，从而难免会给公众整体上参与公共行政造成不利。而在现代社会中，公众的政治参与往往可以通过制度化的利益表达渠道向政府施加影响，以影响公共政策的制定和实施，从而实现自己的利益要求。但是，目前基层民众通过制度化渠道表达利益诉求还较少，更多的是通过非制度化渠道表达利益诉求，如通过上访、抗议、游行示威等，从而不利于增强基层政府回应力。

服务型政府回应力研究

4．提升电子政务

(1) 信息公开平台——传递迅速、内容充实，网站关注度不高

2004 年，太原市出台了《太原市政府政务公开规定》，扩大了政务公开的范围和渠道，要求政府部门进一步转变政府职能。迎泽之窗作为服务型政府公共电子政务平台的政府网站，成为政府与公民间交流的电子化窗口。打开网站，页面设计庄重美观，简洁明了。分设"迎泽动态""便民查询"、"公共服务"、"在线办事"、"网站链接"等几大板块。政务信息公开涵盖"人事信息"、"政府文件"、"公共财政"、"行政执法"、"数据统计"、"政策法规"、"政府工作报告"、"政府采购"等内容，涉及从经济到政策到民生的方方面面。对于涉及政府采购、重大项目等关键领域的信息，都进行了及时的公开，让公众能在第一时间从网站中了解到各种信息，最大程度的保证了信息的公开。仅便民服务一项就有保险查询、交通违章查询、城镇居民日常收费查询等 23 类便民查询项目。[01] 此外，网站还提供了与专业网站的链接及迎泽区各个部门、协会、各省市政府的中心城区、市县区等网站的链接，为公众提供范围更广、内容更全的一站式服务，使公众能够快速便捷地查阅最新的政府信息，成为政府服务公众的信息窗口。

01　2008 年 8 月 16 日，家住太原市小店区的市民张先生想去水西关社区卫生服务站办事，但苦于不知道这家卫生服务站的地址和电话。就在他一筹莫展时突然灵机一动，打开电脑进入迎泽区政府门户网站"迎泽之窗"。在"便民服务"版块中迅速查找到卫生服务站的电话和地址以及负责人的姓名，整个过程用时不到两分钟。

第五章　中心城区服务型政府回应力建设的实践探索

　　虽然该城区政府网站取得了较好的发展，但仍然存在公众和地方政府工作人员对网站的了解并不十分全面的现状。政府网站建立起来，网民却鲜少光顾，甚至一少部分日常工作和政府网站建设关系不密切的政府官员自己都很少关注其所在地方的政府网站。[01] 如目前网站每天的点击量仅有 110 余次，网站的公众关注和使用率并不是很高。此种情况使政府网站的优势大打折扣，对网站的建设和发展形成了阻碍。因此，政府应加大宣传，促进网民的积极参与，使信息公开的功能更全面、名副其实。

　　(2) 政务服务平台——多样、人性化、但办事程序复杂

　　公共管理的本质是为公众利益服务的，在公共管理活动中给公众提供更多的公共产品和公共服务变得越来越重要，而公众是否满意就是衡量公共服务实现的重要标志。有数据显示，截至 2007 年 12 月，我省网民已有 536 万人，互联网普及率为 15.9%，仅 2007 年一年全省网民人数就增加了 156 万，年增长率达到 41.1%。随着信息技术的快速发展，通过政府网站提高公共管理的水平成为信息化时代的发展趋势，政府网站搭建起了公众与政府互动的平台。政府网站的功能被定位为：政府信息公开和政务公开的主渠道；企业和公民获取政府服务的渠道；公民表达意志需求、政民互动的重要渠道。小店区作为太原市的中心城区，围绕"便民、利民、政民互动"这一主旨，率先

01　朱怡蓝．地方政府网站的建设与发展———以宝鸡市政府网站为例 [J]．宝鸡社会科学，2010(3).

服务型政府回应力研究

在太原市建设了政府门户网站。[01] 城区政府网站充分发挥电子政务平台的多样性和人性化，网站对提供的各种服务项目按项目种类和信息进行了细分，所有服务项目都提供详细的办事指南、办理流程，并将各服务项目链接到相关部门或机构的网页进行在线办理。2005 年 10 月 23 日，迎泽之窗开通了山西省首家县（区）级网上审批系统，点击"政务服务中心"，进入"网上办事大厅"，不仅在网上可以进行在线审批，同时可随时在网上查看到办事的进度，为企业或个人提供 24 小时的电子化政府。利用网络，部门间信息可以共享，实现了并联审批，大大提高了审批效率。[02] 此外，网站还提供了与专业网站的链接及迎泽区各个部门、协会、各省市政府的中心城区、市县区等网站的链接，为公众提供范围更广、内容更全的一站式服务，使公众能够快速便捷地查阅最新的政府信息，成为政府服务公众的信息窗口。

政务的建设优化了政府的运作方式和工作流程，提高了政府的行政效能。迎泽区建立了三级政务服务网络、积极推进政务公开进社区，形成了区——乡（街）——村（社区）的三级政务服务网络。通过政务公开的三级网络，在政府与公民之间架起了一座政务信息高速公路。同时，在线政务还存在以下问题。一方面能够全程提供网上"一站式"在线电子服务的项目还是

01 2008 年 8 月 16 日，家住太原市小店区的市民张先生想去水西关社区卫生服务站办事，但苦于不知道这家卫生服务站的地址和电话。就在他一筹莫展时突然灵机一动，打开电脑进入该区政府门户网站，在"便民服务"版块中迅速查找到卫生服务站的电话和地址以及负责人的姓名，整个过程用时不到两分钟。

02 太原市迎泽区政府网站 www. yingze. gov. cn，2006-05-17.

少数，很多项目只能在网上办理一个环节，要真正完成办理还需要现实生活中再去相关部门办理，很不方便[01]。另一方面，应进一步拓展政务公开的范围，规范公开的内容，创新公开的形式，完善公开制度，强化监督检查，优化运作方式和工作流程，扩大网上服务的范围和办公项目，进一步健全行政问责和绩效评估机制，建立政务考核和评议制度，提供"一站式"的在线电子服务，使在线电子政务更加快捷、高效，提高公共管理的公信力和执行力。

(3) 互动参与平台：打造了自己的互动品牌，但存在"信息孤岛"和参与度不高的问题

公共行政中对公众需求的积极回应，要求二者间构建起良性的互动机制，这种互动意味着政府对公众的期待和要求要做出及时、负责、高效的反应，这种互动需要政府具备及时了解民意，吸纳民意、体现民意、回应民意的能力，这是互动行政的内在要求。政府网站拓宽了公众的民主参与渠道，越来越多的公众已将政府网站作为与政府相互沟通反馈的首选渠道。目前该区政府网站提供"社情民意通道"、"对书记、省长说"、"区长信箱"、"在线咨询"等政民互动形式，还打造了自己的互动品牌"我们为您解忧愁"服务中心，通过"解忧愁"网站公民积极表达自己的诉求，并得到及时的解决。"我们为您解忧愁"成为政府了解社情民意、群众参与社会管理的重要窗口。

01　岳璐."以民为本"的电子服务平台——以湖南省政府网站为例评析省级政府门户网站的建设 [J]. 前沿，2012(12).

服务型政府回应力研究

"我们为您解忧愁"在政府网站上开通了"解忧愁"网页，同时在网上受理咨询、求助和投诉。网站分为"解忧愁月报"、"信息"、"重点提示"、"生活小百科"、"生活服务"、"便民电话"等板块，仅生活服务的内容就包括医疗保健、教育培训、交通旅游、家政服务、中介服务、法律服务、金融保险、公共事业、丧葬服务、生活指南等。网站的工作人员每天都要阅读当天各大权威新闻网站的动态信息，查找网民的相关留言，一旦发现是反映迎泽区问题的新闻立刻上报、派单，交由各职能部门处理，同时还要把该报内容粘贴在服务中心的行政求决卡上，最后把处理结果认真填写，一并归档。[01]

点击网站的"解忧愁"月报，不仅可以查询每期月报的内容，而且对来电、邮件受理的情况、来电案卷的特点、来电受理情况一周动态都进行了详细的分析。如(2012.12.25—12.31)"我们为您解忧愁"服务中心共接听、办理各类来电、案卷2860个，日均办理409个。本月行政咨询类来电占行政类问题总数的16.39%，集中在计生工作、社会保障工作、民政工作等方面。生活咨询类来电主要集中在电话号码咨询、地理方位等

---

01 3月2日，工作人员在浏览人民网地方领导留言板时，注意到了这样一段网友留言："太原火车站出站口南段，有很多卖食品类和日用品类的店铺，存在欺诈消费者现象，店铺故意设置讹诈的方法索取顾客钱财，请相关部门处理。"虽然并不知道网友的身份，他也没有直接向迎泽区反映情况，但只要是发生在辖区的事情，服务中心就迅速反馈。民警在火车站附近的一家特产超市内，将以"换取零钱暗中调包"的方法实施诈骗的嫌疑人卢某当场抓获，该犯被依法行政拘留。

第五章 中心城区服务型政府回应力建设的实践探索

方面。[01]

　　"解忧愁"网站不仅及时公开各种信息而且对公众的问题积极答复，很多问题通过这个渠道得到了相关部门的重视和解决。这是政府积极反应公众意见，广泛回应社会诉求的一种互动模式，但是由于宣传不够，很多网友不知道"解忧愁"的政府热线、信箱或者其他联系方式，网上参与度不够。有网友提出发出的邮件反馈太慢，或者发出的邮件石沉大海，也遭遇过相关部门推诿的现象。对于公众的信息反馈不及时和信息量不足的问题，一方面要建立共享数据库，以解决目前电子政务建设中普遍存在的"信息孤岛"问题，对公众提出的意见建议及时处理并建立明确的部门分工和责任机制。另一方面，很多公众不了解政府网站提供的互动服务功能，"养在深闺人未识"的情况很严重，因此要加大对政府网站的宣传工作，促进公众参与的积极性，引导公众参与到政务管理中来。

　　政府之所以创新，就是要回应社会的需要，公众对政府行为是否满意，是评价政府创新成功与否的最高标准。只有获

---

01 "我们为您解忧愁"服务中心二〇一二年一、二月来电案卷特点分析 (2012. 1. 1—2. 29)

　　一、投诉类来电主要集中在城市管理方面

　　1. 马路市场问题仍位居市民投诉焦点之首。主要集中在迎泽大街广场以东一带、五一广场必胜客及人行天桥上、建设路朝阳街口、解放路大南门十字路口。

　　2. 供暖用暖问题仍是投诉焦点。主要集中在桥东街小区 K 区及 L 区、朝阳街水峪小区及松庄南小区、百合美地小区、老军营街办小区。

　　3. 小区垃圾清运不及时、污水臭水等市容环卫类问题也较突出，主要集中在满洲坟小区、东岗路全路段、铁路宿舍等。

得社会公众的理解和支持，政府的创新行为才能获得持久的动力。[01] 要做到这点，政府创新不仅在创新结果上要满足公众的需求，更要在创新过程中扩大公众的参与。而政府门户网站是政务公开的"主"平台、为民服务的"主"窗口及公众参与的"主"渠道，利用政府网站所提供的各项功能服务，可以使政府、企业、社会组织和公民处在一个公共治理的社会网络中，保持彼此间密切的联系，实现以政府为中心向以公众为中心转变。

5．健全绩效评估体系

所谓的政府效率是指政府在进行社会经济管理活动中对人、财、物的消耗与所取得的社会经济效益的比率，简单地说就是政府投入与产出比率，这种产出效率包括制度效益。"中国作为一个发展中国家，最为短缺的并不是资本、技术，而是高效的制度。也就是缺乏能够有效地组织配备各种经济、思想要素以实现行政效率的制度资源。"[02] 政府通过行政手段或管制而进行的制度创新能力孱弱，由于制度供给的不足，造成政府低效的现象十分突出。我国县级政府回应方面的制度虽然是在不断地创新，如政府公示制度、政府政策决策听证制度、决策公开制度等等都逐渐开始在政府部门出现并开始推行，也在一定程度上产生了影响，但是总的来说，这种能够提高政府行政管理效率的制度形式还没有得到真正全面地推广与应用，而且也缺乏制度上与法律上的保障，甚至可以说，在某些地方还遇到比较大

---

01 俞可平．科学发展观与政府创新．社会科学文献出版社，2009：18—19.

02 顾杰．论影响我国行政效率的深层因素 [J]．行政人事管理，2002.(2)：18—21.

第五章　中心城区服务型政府回应力建设的实践探索

的阻力。政府回应是我国政治发展的大势所趋，但是现在却缺乏足够的来自政府系统的回应载体与措施，不能够建构起全面的政府回应制度，因而其政府决策回应能力也是有限的。

当今世界各国行政改革莫不以建立行政问责和绩效管理为导向的公共管理为其追求目标。行政问责是指对行政不作为、乱作为和严重损害群众利益等行为作为问责重点。政府绩效评估是指根据效率、能力、服务质量、公共责任和公众满意程度等方面的分析与判断，对政府公共部门管理过程中投入、产出、中期成果和最终成果所反映的绩效进行评定和划分等级。[01] 政府绩效评估是一项行之有效的政府管理工具，政府绩效评估体系不健全会导致服务型政府建设动力不足。

当前的服务型政府绩效评估体系中评估主体多为上级行政机关和专门的机构，整个评估过程缺乏透明度与公开性，评估中政府垄断了大量的信息，公众对政府的绩效没有发言权，助长了政府对公共事务的垄断性。主要表现在：一是评估主体的单一化。目前基层政府的绩效评估主体主要是上级政府部门和组织，作为政府服务对象的社会组织和公众缺乏参与，使得上级政府部门和领导具有绝对的控制力，于是基层政府部门和领导只对上级负责，从向上级彰显政绩为出发点，按上级的意愿办事，认真执行上级的决策和计划，而对社会和公众的公共需求关注极少，只是被动回应；其次，评估方法单一，没有建立起与政府绩效评估相适应的奖惩制度，

01　范柏乃.政府绩效评估理论与实务 [M].北京：人民出版社，2005：21—23.

使绩效评估缺乏科学的分析和数据的支持，导致政府绩效评估流于形式。同时，评估行为不公开，评估指标内容设置重过程轻结果，重政府业绩忽略政府持续发展的能力，而在指标设计上缺少对环境变化的回应。同时政府的绩效评估缺乏长效的运行机制，监督激励作用难以有效发挥，使社会评估难以参与其中真正发挥作用，政府绩效评估不科学，弱化了基层政府回应力。三是评估过程的封闭化。在政府绩效评估过程中，评估的标准、内容、步骤、结果等方面的环节，都处在封闭的环境中，缺乏公开透明，也没有社会公众的参与和监督，使得基层政府官员为满足上级评估要求而被动的回应民众需求。四是评估导向的经济化。上级政府在对下级政府评估过程中注重经济指标，甚至将经济指标作为政府绩效评估的唯一标准，而对基层政府能否有效地提供社会管理和公共服务，能否有效地满足当地公众的需求以及能否促进社会公众的有效参与等评估缺失，从而使得基层政府在公共行政过程中只注重经济指标的增加，轻视甚至忽视社会公众的需求，自然对公众的诉求造成回应力弱化。综上，尚未形成法制化，系统化和科学化的绩效评估制度。

6. 完善公共财政体制

公共财政建设是服务型政府的经济基础，如果没有公共财政提供资金保证，服务型政府只会成为"空中楼阁"。要成功构建中心城区的公共财政，对策如下：

(1) 科学配置政府间财权事权

第五章 中心城区服务型政府回应力建设的实践探索

公共服务在经济学中也称为公共产品，目前经济界对公共产品概念的使用存在广义和狭义之分。狭义的公共产品主要是指能够直接为公众提供安全和社会福利水平的产品，如国防、外交、义务教育、公共卫生、战略性基础设施，等等。1994年分税制改革以后，中央财权大幅度提高，地方财权大幅度下降，但中央与地方的事权划分的变化幅度较小：1994—2002年期间中央财权平均为52%，地方财权平均为48%，中央事权平均为30%，地方事权平均为70%。[01] 事权是财政支出分配的前提，也是各级政府间财政关系协调的基础。如果各级政府间事权和财权划分不清晰，那必将会影响服务型政府施政目标的实现。因此必须科学划分公共服务供给中各级政府的事权、财权，做到事权财权对称。

(2) 建立规范的城区政府转移支付制度

财政转移支付对中心城区政府的社会公益事业的发展，社会保障能力的增强，基础设施建设的完善等具有重要意义。现行的财政转移支付制度存在公共服务均等化难以实现，转移支付数量少，操作不规范等问题。为此，必须加紧建立健全城区特殊的财政转移支付制度：一是建立对城区的一般性转移支付制度，用于平衡城区预算；二是建立对城区的专项转移支付制度补助，用于城区公共基础设施建设；三是建立对城区的特殊转移支付补助，用于加快城区科技文化事业发展。

---

01 宋立. 政府事权、财权划分问题研究 [J]. 财政与税收，2005(8)：16.

第六章　服务型政府回应力的构建

地方政府提高回应或服务社会，并非在原有流程上的简单修补，而是一场彻底、深刻、持续的政府革命。要求政府以更开放的治理方式、去寻求提供公共服务的方法。[01]

一、国外提升政府回应能力的经验

发达国家政府在其回应能力建设中取得了一定的成就，许多有益的方法和经验很值得我们借鉴。

1．主动公开政府信息

信息公开不仅是政府回应的基础形式，而且是公众诉求于政府回应互动的基本前提。除了需要个人具备获取相关信息的意愿与相应素质外，更依赖于规定政府进行信息公开的法律法规。公开政府信息、公式政府行为，在一些欧洲国家属于法律

01　姜晓萍 . 政府流程再造的基础理论与现实意义 [J]. 中国行政管理，2006(5).

第六章　服务型政府回应力的构建

所规定的政府的义务、公众的权利。例如，在英国的城乡规划过程中，"英国政府或相关的规划机构会将城乡规划的相关信息通过网站、信息宣传栏、图书馆等进行公布，供民众进行查询和提出意见"。

另外，在《环境问题上获得信息、公众参与决策和诉诸法律的公约中》规定："政府应充分及时和有效地酌情以合适的方式向所涉公众告知各种信息，同时应说明'程序的启动、公众参与的机会、准备举行公开听证会的时间和地点、可以向哪个政府部门索取有关信息以及说明存放有关信息供公众查阅的地点、可以向哪个政府部门或任何其他官方机构提交意见或问题等'。政府不仅需要公开信息，而且应该协助和指导公众来获得信息。"[01]

2. 公共调查

公共调查是进行公共决策并将其付诸实施之前的一种必要程序。它是一种邀请社会公众（居民、社会组织、经济界人士或普通公民）对正在准备并已公布于众的国家、集体、私人项目提出意见建议的公共协商制度。1983 年法国《公共调查民主化和环境保护法》是公共调查成为一种知情和收集公众意见的国家制度。公共调查信息对一切公众开放，不受任何限制。公共调查的目的在于：收集公众的意见、建议，确保相应机构在做出决策前掌握所有有助于其决策的信息。

01　蔡定剑.公众参与：欧洲的制度和经验 [M].法律出版社，2009：112.

3．城镇电子会议

城镇电子会议把许多人聚集起来一起讨论问题，了解他们的慢慢形成和变化的、或共同的、或个人的想法。参与者10—15人一组进行讨论。他们围坐在一个圆桌前，每人手上有一个电子投票器，联系会场的电脑终端，电脑链接挂在会场当中的大投影屏幕。每一组都有一个主持人，他负责监督讨论，以保证会议顺畅、民主的进行。讨论和专家发表意见交替进行，各小组会议主持人会收集讨论中的突出观点和建议，向专家提出疑问。会议还可以组织专家对讨论的主题进行辩论。最终，参与者通过自己手上的遥控系统，用电子票表达自己的意见。参加城镇电子会议的是从特定区域中抽样出来的几百名民众。会场在该区域的不同地方举行，由电子技术把这些地方联系起来，这样各地市民都可以积极地参与其中。意大利的托斯卡纳大区就采用了这种形式，实现了公众诉求的利益的广泛代表性。

4．举行公开听证会

行政听证制度是1946年在美国以立法的形式最早订立的，并随后在西方国家广泛被接受。举例来说，根据英国城乡规划法规定，规划委员会或政府部门在编制规划过程中有反对意见经过沟通仍无法协调一致的，或在处理规划申请过程中利益相关者提出质疑、申诉的，处理规划审批的委员或官员必须举行听证会，听取相关人士的意见，以全面了解情况。听证会是向公众开放的，居民就有关问题发表意见。除此之外，公众诉求

第六章 服务型政府回应力的构建

于政府回应互动的形式还有征询意见、公共辩论、公共论坛、旁听政府会议等形式。

5．平等沟通协商

平等的沟通协商机制打破了以往政府回应的单向性，有效地增强了发达国家政府回应公众的能力。在日本，政府与公民平等的沟通协商机制已渗透到社会事务管理的许多方面。在政府召开的审议会和听证会上，市民和非政府组织的代表可以对政府政策和政府即将出台的重大行动方案充分地发表意见。这些代表的意见往往从技术经济的可行性、社会的可接受性和公平性等方面为政府的政策把舵。政府对公众提出的意见能够给予认真的考虑和采纳。如北九州市政府在制定其21世纪议程的过程中，先后曾面向市民和社会各界召开过21次听证会，市民在会上共提出722条意见，其中有42条最终被政府采纳。日本政府还经常委托一些研究机构和民间组织就某些热点问题进行民意调查。公众反馈的结果对政府政策的制定具有一定的参考作用。在美国洛杉矶，市政府制订城市总体规划必须多次大范围征求市民意见，与市民就相关问题进行深入的沟通和讨论，并经由市民听证会辩论和市委会投票通过。在规划设计和选择方案阶段，要进行市民复决，投票支持或反对方案，政府要为市民团体提供技术协助项目。洛杉矶市政府的规划部每天对公众开放，所有规划方面的法规、表格、激光演示及计算机查询系统免费由市民查询。政府还要培训市民有关分析方案之用的规划技术，如地图分析、照片分析、市民模拟游戏等。到了规

服务型政府回应力研究

划实施阶段，政府可直接雇佣市民代表在小区内工作，也可教育和培训市民，并设有"小区探访中心"或电话热线以解答市民问题和听取市民意见。政府通过与市民的沟通和交流使市民对规划方案的实施采取更合作的态度。

在德国，城市规划也必须与市民进行广泛的沟通。如柏林市政府下设了城市发展参议部，专门负责与市民就规划方案的沟通协商。在规划编制之前，政府通过各种形式，如报纸、宣传册、居民大会等，将规划的目标、必要性等宣传给公众。然后编制者同与规划相关的公众代表共同编制几种规划草案。市民通过各种形式参与规划草案的讨论，如公告、传单、各种展览会等。根据公众意见，规划部门将这些草案合并成一个方案。在确定方案以后，进行公众展示，向市民征集批评意见，并邀请相关人士进行评论。规划部门对收集的意见和建议做进一步的调查和审评，之后纳入到规划方案中。

6．电子政府建设

随着信息技术的飞速发展，电子政府以其在与公众交流的直接性、互动性等方面的优势受到了各国政府的普遍重视。1999 年 4 月，拥有 1000 多万人口的韩国首都首尔，开始在市政府全面运行 OPEN 系统。OPEN 系统具有三大目标：一是提升透明度，获取关于处理民政申请、审批程序、文件审阅、流程进度等过程细节的实时信息；二是提高可信度，所有公民都可以通过 OPEN 系统随时地、轻松自如地监控申请的进展情况，保护公开性与目标性，从而消除公众的不信任感，重塑政府形

第六章　服务型政府回应力的构建

象；三是加强政府与公众的沟通，公众可以通过政府信箱、网上民意调查反映其意愿，也可以通过与相关政府部门的在线交流，对政府提出意见和建议。OPEN 系统于 1999 年 4 月 15 日正式投入运行，在随后的 13 个月里，公众反响热烈，每天的平均访问量高达 5200 人，在首尔的 1000 多万人口里，使用过该系统的人数超过 400 万。在 2000 年对 1245 个使用该系统的人的抽样调查中，84.3% 的人认为有助于提升政府运作的透明度，有助于各种问题和意见的反映，72.3% 的人对该系统十分满意。1995 年，英国议会科学技术办公室提出了《电子化政府》的研究报告，1996 年英国政府出版了《直接政府》绿皮书，从而把英国的电子政府建设推向新的阶段。英国政府加强了信息技术教育和基础设施建设，保证公民在家庭、工作单位以及社区都能接入互联网；同时开展 ICT 培训及建立电子终身教育系统，帮助人们掌握互联网技术，以及通过大力整合地方在线内容，促使更多的人使用互联网；通过电子信息手段，提供政府部门与机构间的资源共享，减少政府支出，简化行政系统；除了部分受法律限制不能公开的资料如国家安全、商业机密或个人隐私外，其他政府信息，都要公开，以便让社会查询。英国政府通过政府网站这个载体，吸引公民参政议政，公民可以与政府进行实时互动交流。英国内阁颁布法令，规定公民可以在网上就政府文件进行咨询并提出意见。同时，许多政府部门在门户网站上都建立了相关政策的讨论专区，公民可以就感兴趣的专题进入不同的论坛自由发表自己的看法。此外，英国政府还在一些地区试行电子投票。

7. 发展第三部门

第三部门是介于政府部门与企业部门之间或之外的社会部门，通常具有民间性、非营利性、自治性、自愿性等特征，它与政府部门、企业部门构成现代社会的三大支柱。第三部门的一个重要职能就是可以充当政府与公众之间沟通的桥梁和纽带，可以及时向政府传递公众的信息和需求，可以发挥特定群体利益代言人的角色。第三部门在西方发达国家产生、发展的时间已久。20 世纪 70 年代以来，伴随着西方公共行政的改革、政府职能的重塑，政府进一步鼓励第三部门的发展，以期通过第三部门的发展，拓宽公众利益表达的渠道，使公众的多样化诉求通过第三部门的传导，更容易地被政府了解和掌握，从而保证政府出台的政策措施能更好地反映各方的利益需求，实现对各利益群体和社会阶层的有效回应。

二、当前我国服务型政府回应力的提升

党的十八大报告提出，要按照建立中国特色社会主义行政体制目标，深入推进政企分开、政资分开、政事分开、政社分开，建设职能科学、结构优化、廉洁高效、人民满意的服务型政府。建设服务型政府，是人民政府性质决定的，是深化行政体制改革、加强政府自身建设的核心目标，涉及经济体制改革、政治体制改革、文化体制改革、社会体制改革等领域。

新公共管理和新公共服务运动为进一步完善理性官僚制提出了顾客导向、服务于公民的理念。而这些理论和实践对于当

第六章　服务型政府回应力的构建

前我国政府最终确立服务行政具有重要的参考价值。当前对提高我国政府回应性的改革，一方面我们应该积极吸收借鉴西方发达国家在公共管理方面所取得的成功经验，充分发挥"后发优势"，少走弯路。另一方面，应立足于我国国情，增强政府回应社会公众的力度，确保政府回应社会的可持续性。具体来讲，应从以下方面着手：

1．优化政府回应职能，创新政府回应模式

(1) 转变政府职能

服务型政府要求政府的职能转变到"经济调节、市场监管、社会管理、公共服务"上。在计划经济时代，政府通过指令性的行政手段进行经济社会管理，政府充当着生产者和管理者的角色。随着社会主义市场经济的发展，政府的职能要从原来对微观主体进行直接管理转变到为市场和社会服务上来，这样的转变需要政府主动让利，是一种自我革命，但却是建设服务型政府必须啃掉的一块"硬骨头"。要进一步推进政企分开、政资分开、政事分开、政社分开，继续简政放权，深化行政审批制度改革，把一些可以由企事业单位或社会组织承担的职能转移，充分发挥市场配置资源的基础性作用，调动社会自我管理的积极性，促进社会资源更高效地流动。要强化公共服务职能，以保障和改善民生为重点，推进公共服务均等化，为人民提供更好的教育、医疗、社会保障等服务。要加强和创新社会管理，推进社会管理体制机制创新，尊重人民群众的主体地位，促进社会组织健康发展，鼓励群众自主管理，维护社会的公平正义，

保障社会的和谐稳定。

(2) 减少政府层级架构

我国政府的层级繁多从很大程度上也制约了社会回应信息的传达速度和力度，容易造成信息失真和断层，影响了政府回应的效率；同时政府通过自上而下的层层传递回应内容和意图，再等待基层反馈信息和效果到上级部门，其过程也大大损耗了有限的行政资源。

因此，适当扩大层级幅度、减少不必要的中间冗余层级，尽量减少信息传递所带来的失真，构造"扁平型"的政府组织结构，既可以节约宝贵的政治资源和社会资源，更有利于实现政府决策权力不断的下放，深入底层，更贴近民众，更切实地与社会公众沟通，使更真实的群众意愿反映在政策文件之中。目前，我国的政府层级实行的是中央，省，市，县，乡镇五级架构，其中"市"这一层级从严格意义上讲，宪法并没有把地级市作为一个独立的行政层级，因而国家相继在"十一五"规划中明确提出"优化组织结构，减少行政层级"与十七大报告中提出"减少行政层次，降低行政成本，着力解决机构重叠、职责交叉、政出多门问题"。另外，按照国务院所规定的精简机构，精简人员，并在此基础上进一步科学合并职能相同或相似的部门，走大部制改革之路，适度放权开放公民议政参政的空间，降低公民参与的门槛，争取尽可能广的基层群众参与到政策制定中，倾听他们的意愿和诉求，缩短政府与民众之间的沟通距离，这些都有利于政府优化自身职能，完善社会主义民主政治。

第六章　服务型政府回应力的构建

(3) 重塑公共服务理念

十八大报告强调"为人民服务是党的根本宗旨，以人为本、执政为民是检验党一切活动的最高标准"。为人民服务的宗旨决定了我们的党是服务型政党，我们的政府也应该是服务型政府。服务型政府的着力点在于"服务"二字，我们要坚持以人为本，在公民本位和社会本位的理念引领下，把政府定位为服务者的角色，把为人民服务的宗旨作为当前和今后一切工作的出发点和落脚点，把为人民服务的理念贯穿到行政体制改革的每一个细节，坚持依法治国，推进人民民主，尊重人民首创精神，保障人民各项权益，实现发展成果由全体人民共享，促进人的全面发展，真正做到人民政府为人民。

公务员作为政府回应内容的主要执行者，其素质的高低直接关系到政府回应社会的成败。因此，政府要与社会保持良性互动的关系，不断提高回应的力度，就必须从提升公务员队伍的整体素质作为突破口。第一，树立以民众导向的行政服务理念。公务员的工作内容以社会公众的切身利益为根本和核心，公务员的工作成绩和效果以公众是否满意为评判标准，克服官本位的传统政治管理思想。第二，加强公务员队伍的职业道德建设与专业培训。指导公务员树立为民服务，为民谋利的价值观，培养廉洁奉公的职业原则，强化责任意识，效率意识，法制意识和服务意识，进行定期或不定期的专业理论和实践培训，不仅使公务员具有较多的本岗位的专业理论知识，而且更能够根据理论来处理不同的社会事件，提高公务员的综合处理能力。第三，进一步完善公务员职业道德的相关法律、法规等约束性规范制定。我国第十届全国人民代表大会常务委员会第十五次会议通过了新中国第一部《公务员法》，标志着公务员的责任和义务将有法律层面的切实约束和规范。但是该法并没有对公务员的伦理道德提出明确的要求，缺少道德和精神层面的约束，且有些条文十分抽象，虽能成文成章但现实工作中缺乏一定的可操作性和实施性。此外，此法虽然对公务员的义务做出较明确的规定，如"全心全意为人民服务，接受人民监督；遵守纪律，恪守职业道德，模范遵守社会公德；清正廉洁，公道正派"等等语句，但对人民可以采取哪些方式对他们进行监督都没有具体说明。政府部门应以《公务员法》为基础，根据本单位的具体实际情况，制定与之相配套的、可执行性强的、加强公务员行政道德的制度规范，使行政道德不仅成为公务员执行公务时的内在约束条件，更能成为社会群众监督评价公务员行政行为和工作绩效的标准。

(4) 创新政府回应方式

政府回应社会更多强调的是在公平的基础上，政府与社会互动，其中政府的回应行为应改变传统"被动式"的只等待接受社会群众的诉求，多采用"主动式"的方式，回应方式也应从"单一化"走向"多元化"，不断探索新的回应方式以适应经济社会的不断变化。无论是从行政角度，市场服务角度还是民主角度政府都能做到及时回应社会。

(5) 强化政府公共服务职能

要深化行政审批制度改革，继续简政放权，减少政府不必要的行政审批事项，把一些不应该由政府审批的事项或者可以

第六章　服务型政府回应力的构建

由企事业单位承担的职能进行剥离，强化政府经济调控、市场监管职能，减少政府对微观经济活动的干预，促进社会资源的高效利用和充分流动，为经济发展和各类市场主体公平竞争营造良好环境。要强化政府的公共服务职能，围绕人民日益增长的物质文化需求，以保障和改善民生为重点，健全公共财政体系，加快建立惠及全体人民的基本公共服务体系，为人民群众提供更好更多的义务教育、基本医疗、社会保障等基本公共产品和服务，并不断提高公共服务的质量，推进公共服务均等化。要强化政府的社会管理职能，加强和创新社会管理，正确调节社会各阶层利益关系，着力解决城乡发展差距、地区发展差距、社会成员收入差距等突出问题，加强对困难群体、特殊群体的权益保护、利益倾斜和社会救助，有效化解社会矛盾，维护社会公平正义，保持社会安定有序。要推进依法行政，规范政府行为，做到严格规范公正文明执法，防止和遏制各种腐败现象的发生，以廉洁高效的良好形象取信于民。

2. 政务公开是政府与民众回应的前提

地方治理范式的转变突显出政府与社会伙伴关系构建与维护的重要性，但这只是问题的一个方面，问题的另一个方面是如何维持与发展这种伙伴关系，即，政府靠什么去维系它与社会的关系？凯特尔指出，"全球公共管理改革运动的核心问题是政府与社会的关系，政府改革的战略战术就是试图加强政府的能力以满足公众的需要，它的成败取决于改革嵌入国家治理系统即政治制度、盈利性和非盈利性的合作伙伴关系、公众期望与市民社会的深度。"[01]

可见，政府能力不仅是一个公共管理改革战略战术的问题，而且是一个能否使改革嵌入国家治理系统的问题，一个关系改革成败的问题。就地方政府网络管理本身来看，它既是一种活动，也是一个由网络筹备、网络构建、网络运行与网络终结所组成的完整过程。这个过程的每个阶段和环节均有其不同的任务，也有其内在能力构成内容及核心能力的要求。当前，地方政府应加快网络管理各阶段能力特别是核心能力建设，以适应管理政府与非政府社会主体之间合作伙伴关系、提升网络化管理绩效的需要。

(1) 信息公开

政府应全面推行政务公开，提高公共管理的公开性和透明度，在经济全球化、信息化、城镇化快速发展的新时期，加强和改善公共管理，形成政府与市场、社会、公民之间的沟通渠道和反馈机制。首先是进一步加强政府信息公开，以及时全面客观的信息发布尽可能地减少谣言的产生和传播，并且更加主动地利用媒体塑造政府开放的形象，拉近与当地民众的距离，政府信息公开也是政府与公众之间开展互动的先决条件。

信息公开是民主政治的基础，也是实现善治的根本。政府信息公开可以提高公众对政府的信任度。福山认为，"信任可以在一个行为规范、诚实而合作的群体中产生，它依赖于人们共

第六章　服务型政府回应力的构建

同遵守的规则和群体成员的素质。"[01]

"阳光是最好的防腐剂"。随着市场经济体制的逐渐建立、民主制度不断完善，党和国家对政府信息公开给予了高度重视。1997年，中国提出了"政务公开"。而且，中共十五大报告在谈到建立和完善民主监督机制时指出："我们的权力是人民赋予的，要坚持公平、公正、公开的原则，直接涉及群众切身利益的部门要实行公开办事制度。"[02]

中共十六大报告指出："各级决策机关都要完善重大决策的规则和程序，建立社情民意反映制度，建立与群众利益密切相关的重大事项社会公示制度和社会听证制度等。"十七大报告再一次重点指出："增强决策透明度和公众参与度，制定与群众利益密切相关的法律法规和公共政策，原则上要公开听取意见。"[03]

十七大报告第一次把服务型政府写到了报告里，报告中提出加快行政管理体制改革，建设服务型政府。而**如何建设职能科学、结构优化、廉洁高效、人民满意的服务型政府**，党的十八大报告做出进一步的回答，报告中提出要按照建立中国特色社会主义行政体制目标，深入推进政企分开、政资分开、政事分开、政社分开，建设职能科学、结构优化、廉洁高效、人民满意的服务型政府。

01　邓正来. 国家与社会：中国市民社会研究 [M]. 成都：四川人民出版社，1997：73.

02　中国共产党十五次全国代表大会报告，http://www.cctv.com/special/777/1/51883.html

03　http://cpc.peple.com.cn/GB/104019/104099/6429414.html

服务型政府回应力研究

由此看出，党和国家领导人对信息公开越来越重视。在国家提出"政务公开"后，我国政府机关开始通过公开栏、广播、电视、报纸、会议、座谈等多种形式公开公众关心和迫切想知道的问题，受到社会公众的热烈欢迎。同时，公众通过政务公开活动对政府行政机关的办事权限、办事依据、办事程序、办事标准等有了一定的了解。自从 1999 年"政府上网"以来，我国政府网络建设逐步推广开来，大部分地方政府建立了自己的政府网站，政府信息公开内容日益丰富，从最初的法规、政策、办事流程的公布，到电子化政府建设的探索和发展，我国政府网络建设越来越进步，政府对通过互联网发布信息已经产生了共识。

到了 2000 年 5 月，以《中华人民共和国政府信息公开条例》开始起草为标志，我国的信息公开立法由此起步。广州市全国第一个对政府信息公开进行立法的城市，最先实施了《广州市政府信息公开规定》，并首次提出"政府是信息公开的义务人，老百姓是信息公开的权利人"这一说法。

随后，政府信息公开制度在北京、上海、深圳、杭州、武汉、重庆、宁波、长春等市遍地开花。直到 2007 年 4 月 5 日，《中华人民共和国政府信息公开条例》的颁布，对我国政府信息公开的原则、范围、主体、救济等做出了具体规定，标志着我国政府信息公开进入了一个新时代。总的来说，尤其是最近十年来，我国政府信息公开法律制度建设取得了可喜的进步。据不完全统计，截止到目前，我国已经有 90 多部法律、行政法规包含有政府信息公开的相关条款和细则，有 15 个省和 17 个较大的市制定了专门的地方性法规或规章对政府信息公开活动进行规范和制约，出台政府信息公开方面的规章或文件的国务院政府部门达到 25 个之多。另一方面从电子政务的实践看，政务公开仍有需完善之处，许多网站只提供网上办事和信息咨询等项目，缺乏双向的沟通交流，有的政府网站功能只限于发布信息和新闻，没有让公众充分行使政治参与的权利。政府被看做公共信息的权威来源，政府把"信息"公布在一个平台上，剩下的事是"顾客"使用。这样的信息传递十分被动，只是把政务事务处理变得标准化。

综上，政府信息公开的施行标志着政府管理模式向公民权利监督、制约公共权力的转变；政府信息公开制度的确立减少了政府公开信息的随意性，保证了公民的知情权不被剥夺。政府信息公开的立法和实践，增强了政府活动的透明度，从而为公众议程的形成提供了前提，为公众诉求与政府回应的互动提供了养分。

(2) 政府网站

政府网站的功能被定位为：政府信息公开和政务公开的主渠道；企业和公民获取政府服务的渠道；公民表达意志需求、政民互动的重要渠道。2009 年 1 月的一个调查显示，96.8% 的网友认为政府社情民意通道不畅通，政府反馈不及时，有推诿塞责现象，沟通渠道形同虚设。68.7% 的网友不知道所在省区市的政府热线、信箱或者其他联系方式，96.8% 的网友认为"不畅通"。有 1/3 参与调查的网友拨打过政府热线或是给政府信箱写过信，但是其中仅有 3.2% 的人反映的问题及时得到了反馈，对身边民情通道的畅通表示满意。6.5%的网友认为反馈太慢，40%的网友遭遇过相关部门推诿，更有超过一半的网友表示给政府民情通道的电话很难打通，邮件发出也石沉大海。另一个调查也反映出同样的情况，政府通过网站进行的信息公开无法满足公众的需要。因此，应推进政务公开，使之成为各级政府施政的一项基本制度，要积极适应信息化时代发展潮流，加快电子政务建设，优化各级政府和部门运作方式和工作流程，扩大网上服务领域和网上办公项目，提高政府的行政效能，进一步健全行政问责和绩效评估机制，提高公共管理的公信力和执行力。随着公共管理技术日新月异，政府网站的功能也不断拓展。一些先进地方的经验表明，着力提升"政务公开、公众参与和在线办事"的可及程度有助于提高政府的日常反应和应急处理能力，增强政府的公共服务能力，改进政府的信息资源利用率。同时，一些地方尝试设置首席信息官，加大人财物的整合力度。

(3) 优化体制机制

好的制度能使政通人和，社会和谐有序，否则将会导致职能偏离，效率低下，建设服务型政府将成为空中楼阁。要稳步推进大部门制改革，根据职能有机统一和决策、行政、监督三权相互制约又相互协调的原则，进行党政部门职能的统筹归并，推进形成职能配置科学合理、机构设置综合精干、权责关系明确清晰的组织架构。一些问题确需多个部门联合处理的，要明确牵头部门，分清主次责任，健全部门与部门之间的协调联动机制，确保政府的各项工作落到实处。要建立健全政务服务体系，继续推进完善各级政府部门的行政服务大厅和电子政务系统的建设，推行"一站式"集中办理服务模式，提高行政权力运行程序化和透明化，为企业和群众带来更加优质便捷的政务服务。继续推进事业单位分类改革，认真抓好事业单位法人治理结构和法定机构试点创新，进一步推进政事分开和管办分离，提高公共服务水平。要拓宽群众参政议政的渠道，行政管理的各个环节都应该通过制度设计向群众开放，引入群众参与，接受群众监督，主动向群众征求意见，及时对群众提出的要求和问题作出回应和处置，最大限度地凝聚社会共识，争取党和政府的各项工作得到群众的认可和支持。

(4) 必须创新行政体制和管理方式

要稳步推进大部门制改革，整合行政资源，健全部门职责体系，解决职责交叉、推诿扯皮现象。要积极推进政务公开，建立高效的政务服务体系，继续完善各级政府及部门的"政务大厅"，推行"一站式服务"，在基层建立"政务超市"，提高政府透明度。要加强电子政务建设，构建适应信息化时代社会发展需要的政府组织形态，提高政府效能。要健全民主决策机制，在涉及群众切实利益的问题上要充分听取群众意见。要推进政府绩效管理，规范政府收支管理和公务消费，降低行政成本，提高政府公信力和执行力。

3. 公民参与奠定政府与公众回应的社会基础

(1) 加强政府与公众间的双向沟通

"传统政府公共服务的一个主要特征，就是以行政计划代

服务型政府回应力研究

替公众意愿，以精英设计替代公众参与，忽视公众的需求和偏好。"[01] 随着社会主义市场经济体制的初步确立，我国社会发生了翻天覆地的巨大变化，我国的广大公民也培养并释放出了蕴藏于心的权利意识。人们要求参与政府管理过程的呼声日益高涨。民主政治建设已经成了 21 世纪我国改革的关键。其中，政府行政中的依法行政、信息透明、民众参与又是关键中的关键。"公共行政面临的核心问题在于，确保公共行政管理者能够代表并回应民众利益。"[02] 政府要从对公民和社会的过多管制转变到让公民和社会更多的参与政府行政上来。在新的发展时期，要求政府提供公共服务必须坚持以公众为导向，提高公众的认同和支持的程度；要求政府公共服务的提供必须从政府本位、官本位向社会本位、公民本位转变；要求政府提供什么公共服务，怎么提供公共服务，应深入了解公众的意愿，广泛集中公众的智慧。应完善有关了解民意、公众参与和公众评价的机制，切实提高公众的认同和支持的程度，从而提高政府公共服务的有效性。

西方公共管理的研究，本质上说是为公众利益服务的，实际上公共部门，最主要的是政府部门，是要在公众追求个人福利而产生的矛盾和冲突中起到协调和规制的作用，从而使得社会整体的福利最大。但随着中国社会的转型，政府的职能也在不断发生变化，给公众提供更多的公共产品和公共服务变得越

01　沈荣华 . 提高政府公共服务能力的思路选择 [J]. 中国行政管理，2004(1).

02　[美] 戴维·H. 罗森布鲁姆等 . 公共行政学：管理、政治和法律的途径 [M]. 北京：中国人民大学出版社，2002.

第六章 服务型政府回应力的构建

来越重要。在这个过程中，政府的具体行为方式就要发生根本的转变，要从管理和规制行为转变为提供更好的服务，而公众是否满意就是衡量这种转变是否实现的重要标志。在公共管理活动中，政府的权力来自公众的让渡。而公众让渡的前提是政府要为公众的利益提供更好的服务。另一方面，政府能够提供更好服务的前提之一，就是公众要服从政府根据公众利益制定的法律法规和各种公共政策。当前社会利益群体多元化已经成为现实，关键是要形成一个公共政策各方公平参与的制度平台，大家把各自的利益和价值观念拿来进行交流、讨论，最后达成共识，形成公共政策。未来比较和谐的公共管理方向，是建立一个动态的公共管理体系，在这个过程中，政府部门、企业、和社会组织，大家都处在一个公共治理的社会网络中，保持彼此间密切的联系。政府不再是凌驾于社会之上的、封闭的、自我服务的官僚机构，而是"顾客驱动的政府"，权力本位变为顾客导向，致力于"无缝隙"的方式满足公民的多样化和个性化需求。为此，政府要强调积极的目标、具体的结果与产出，强调工作的实际结果、预算和绩效并重；努力提升公共产品的服务价值，追求零顾客成本。

有了政府的回应力，就有了政府与公众的互动。回应力越强，政府善治的程度也就越高。善治政府要求公共管理人员和管理机构必须对公民的要求做出及时的和负责任的反应，还应当定期向公民征求意见、解释政策和回答疑问。要提高政府对公众的回应力，必须从以下两个方面着手：一方面要壮大网络舆论的力量，张扬宪法规定的言论自由的价值。虚拟社区、公

服务型政府回应力研究

共聊天室、BBS 论坛、博客日志以及新闻跟贴、电子邮箱等都是网络舆论的有效实现方式。只要网络言论不触及政治上和道德上的底线，就应该容忍其存在。除了国际上公认的和我国宪法规定的必须限制的可能危害国家安全的言论、可能危害谤他人的言论之外，其他网络言论不应进行不必要的限制。除非是过分的非理性的情绪宣泄，任何言之有据的事情，任何宪法和法律框架内和政治容许范围内的主张等，都可以通过博客、BBS论坛展现给政府和公众。相关制度和法制建设要保护适度的言论自由的正当权利不受侵害。以法律来规范网络言论，其实质不是限制言论批评和民意表达，而应该是扬其利，避其害，形成健康的社会舆论环境，保护公民适度的言论表达自由，使言论自由的价值得到更大的张扬。[01]另一方面，政府要认真倾听并积极回应网络舆论。要借助因特网、电子邮件、电子布告栏等新兴的科技方式，与公众建立一个迅速、有效的意见沟通渠道和反馈机制，反映公民的要求和呼声，从而提高政府治理的反应能力和社会回应力，实现和扩大公众的政治参与。近期的华南虎虎照事件、奥运火炬传递、汶川地震等几大公共事件，均有网络的深度参与，网民的意见汇聚与表达深刻改变了这些事件的进程，而这其中也反映了政府回应力的提升。2008 年 6 月20 日，胡锦涛总书记在人民网强国论坛同网友在线交流，这清楚地表明，网络正在推进中国民主政治的进程，并改变中国政府的执政理念和方式，政府与公众的互动将会越来越重要，越

01   王巍．论政府回应的内涵和主导模式转型 [J]．探索．2006．

来越频繁。由此可见，中国政府正在顺应善治政府的潮流和趋势，努力实现政府与公众的参与型互动。

在政府信息公开逐步成熟、不断规范的过程中，公众的权利意识也在快速觉醒，以回应性为特征的善治政府不能不重视公众的意见，不能不对公众的需求做出快速而高效的反应。因此，与公众的互动是善治政府的一项重要任务。同时，由于善治政府肩负着透明、责任、法治等一系列民主功能，所以与公众的互动也不能停留在管理型互动的初级阶段，不能仅仅提供网上办事和电子化公共服务，也不能停留在协商型互动阶段，不能只进行民意调查、给公众提供良好的公共政策，而必须逐步实现参与型互动。政府要保护公众的自由和权利，强化公众政治参与，建立和完善自治和多元治理机制，最大限度地实现民主。正如哈克所言："电子民主化是对现实民主的提高，其方式是利用新的信息通讯技术给予在主要政治过程中地位卑微者更多的权力。我们认为电子民主化应该是使更多的人拥有权力，而不是增加掌权者的权力。"[01]

(2) 推动媒体和网络的健康发展

随着新闻传媒的独立性、自主性不断增强，公众越来越广泛地利用作为"第四权力"的新闻媒体对政府活动和决策制定进行监督和制约，他们日益普遍的采用的行之有效方法，就是利用传媒平台进行利益表达式的倾诉和陈述。在社会主义市场经济机制的作用下，我国新闻传媒越来越开放，开始更多地关

01　何祖坤.关注政府回应 [J].中国行政管理.2000.

服务型政府回应力研究

注老百姓的需求和关注的焦点，其舆论导向和监督功能日益增强。另外，随着网络时代的到来，网络传媒日益成为政府与民众互动的新平台。政府通过加强政府网络建设，向民众传播政务活动、政府政策等相关信息，民众通过登陆政府网站、公共论坛、网络评论、个人博客等多种渠道发表自己的看法和观点，表达自己的利益。由于网络本身的便捷性、匿名性等特点，网络传媒的互动平台地位越来越重要。概而言之，随着这些制度、平台的不断发展和完善，以及新的形式的不断创新，使得公众在与政府互动过程中获得了较大的活动空间，为公民影响和监督政府行为提供了更多可能和保障。

(3) 培育社会组织

改革开放 30 多年来，随着市场经济体制的建立和完善，公民社会在我国获得了长足的发展，已经初具雏形。市场经济的发展，造成了利益多元化，带动了公民主体意识及权利意识日益增强。广大公民产生了保护自身利益不受侵犯的强烈愿望，开始意识到形成强大的力量来抗衡国家对私人利益的侵犯的必要性。于是，大量的非政府组织、志愿性社团、协会、社会组织、利益团体等迅速发展起来。公正、公平、参与等理念在广大民众中得到广泛的传播并日益深入人心，这些理念大大抵消了功利主义观念的消极影响；第四，在加入各种非政府组织并参与内部管理以及外部活动的过程中，公民的公共精神得到提高、公民意识得到增强，并且自身也锻炼和掌握了一些进行利益表达和诉求的技巧，这就潜移默化地推动了政府与民众的相互作用更加有序化、组织化，效能也越来越高。

　　没有健全的社会组织，就不可能有真正的社会自治。加强社会管理和创新就是要加快培育和发展社会组织，把社会组织作为党和政府社会管理与服务的重要补充。为此，一是要全面清理、排查县内官方、半官方、非官方社会组织的现状，掌握其人员、章程、主要活动等第一手详实资料。二是要充分借鉴包括国外、发达城市社会组织管理、培育的成功经验，建立健全社会组织管理规范，允许更多合法的民间社会组织建立并开展活动，有序引导官方社会组织"退官为民"。三是要激发公众活力。要大胆探索社会组织参与社会管理、服务体制机制，通过部分政府管理权力分流到民间组织，让合法、合格的民间组织通过竞争承担公共服务等方式，激发公众活力，提高公共服务的质量。同时，广泛开展志愿服务活动，着力推进公民社会建设。

　　只有建立起政府与社会组织在法治框架下的互信、互帮、互动关系，才能使政府从日益复杂的社会管理中腾出更多的精力和资源，投入到更为紧要和关键的国家战略发展问题上来。政府通过"分离"或"缩减"让渡部分非核心职能于社会，为了防止社会不能承担政府分解出去的职能，造成新的管理空白，还要积极培育社会组织，通过必要的财政支持，政策鼓励，人才培训，绩效评估等形式，加强对社会组织的引导，使之更好的为社会主义市场经济服务。例如，上海浦东新区政府以政社合作平台为依托，率先探索"公共产品外包社会"，"政府购买服务"的政社合作方式。

4. 法律监督是政府与公众回应的保障

(1) 完善公众与政府互动的法律保障体系

就公众诉求于政府回应互动的法律依据而言，我国的许多法律法规都做出了明确的规定。首先是我国宪法以国家根本大法的形式为公众诉求进入政府过程确立了法律依据："人民依照法律规定，通过各种途径和形式，管理国家事务，管理经济和文化事业，管理社会事务"和"公民有言论、出版、结社、集会、游行、示威的自由"。

相继颁布实施众多与之配套的具体化和细化的法律法规。首先是关于听证制度的法律萌芽，例如：1996年出台的《行政处罚法》规定："对公民和组织作出不利决定时应举行听证会"。该法虽然规定了举行听证会的前提条件，但仅限于政府对公民和组织作出不利决定的时候，至于谁来判定是否"不利"没有相应的规定，决定一词的概念也比较模糊。而《价格法》则规定"公共企业、事业的产品价格调整应举行听证会"。可以看出，与《行政处罚法》相比，其法律条文更加具体化，更有可操作性。前述的这两部法律就已经开始涉及到听证制度中公民和社会组织的参与。随后，《立法法》又使听证的形式更加多样化，"听取意见可以采取座谈会、论证会、听证会等多种形式"。这些都体现了公民和团体参与政府决策的保障程度进一步提高，方式也有了多样化的发展。

除了上述的主要法律法规对政府与民众互动的比较明晰的规定之外，民众表达自身需求和利益的内容也在某些法律法规

第六章　服务型政府回应力的构建

条文中或者具体细则中有所体现。比如，在根本大法的宪法中关于集会游行示威法，在救济法如行政复议法，在基层法律如工会法、居民委员会组织法、村民委员会组织法，以及环境影响评价法等，都有关于协调政府与民众相互之间权利和义务关系的规定。

　　健全的法律制度是公众诉求与政府回应互动的重要保障。建国以来，我国的相关法律和规定有了不断的发展和创新，目前，就公众诉求与政府回应互动相关的法律法规，主要有：《宪法》、《立法法》、《行政诉讼法》、《行政复议法》、《行政许可法》等，这为公众意愿表达的制度化与规范化奠定了基础。然而，随着经济政治体制改革的不断深化，公众要求直接参与公共行政的呼声也愈加强烈，当前法律法规已经难以适应这一要求，需要通过加强法律体系、法律程序的不断健全和完善来实现有序参与。

　　(2) 完善听证制度

　　听证制度体现的是政治系统内部和外部之间进行的沟通，是一种直接民主的制度方式，也是公众诉求与政府回应有序互动的制度保障。听证制度是公众诉求对政府回应进行事前监督和反馈的重要制度，是公民进行利益表达的重要渠道。我国听证制度应该采取如下措施进行完善：首先创建公民启动听证会机制。通过创新法治建设，改变仅有政府召开听证会的权利，增加公民可以申请召开或压迫政府开听证会的权利；其次，完善听证程序和相关流程的制定和执行，规范政府行为，杜绝"黑箱操作"和不规范听证现象，再次，完善对听证的反馈机

服务型政府回应力研究

制。通过对听证结果、听证报告等情况的处理情况的公布于众，使人们了解听证意见和建议对政府作为的影响程度，并能决定进行再一次表达利益诉求的必要性，这样可以避免听证的形式化；最后，建立听证监督问责机制，通过司法、行政、社会等多种手段，对听证制度的实际运行进行监督，对于违反听证制度、程序等的相关责任人进行问责，使听证制度真正起到作用。

5. 绩效评估体系是政府与公众回应的长效机制

政府绩效就是各级政府履行职责所取得的工作成绩，如果我们不奖励先进，那就很可能是在鼓励落后。因而，为了更好地推进服务型政府的建设质量，为了贯彻和落实科学发展观，应实事求是地分析当前政府绩效评价存在的问题，树立正确的政绩观，重构政府绩效评价的价值标准，建立健全科学的政府绩效评价体系。服务型政府实践的观察性是指实践要有可评价性，如果只注重服务的投入，不重视服务的产出，公共服务的投入就缺乏科学的规划。

(1) 建立科学的政绩评价体系

由于服务型政府的职能定位主要是经济调节、市场监管、社会管理和公共服务，因而政府绩效评价指标体系的主要内容也应该紧密围绕政府职能建设的要求展开。强化权力机关和民间机构对政府部门的评估，落实公民评议政府的制度安排，建立多重评估机制构建科学的地方政府绩效评估体系。通过立法途径使绩效评估走上法制化、规范化和经常化的轨道。具体说来，考察和评价服务效率和服务品质要有相应的评价机制，评

第六章　服务型政府回应力的构建

价要做到定量和定性的结合，以定量为主，如审批制度对于待批组织来说，环节和以前相比是增加还是减少了，增加或减少了多少？时间是增加了还是减少了，增加减少了多少？回应制度对于公民的现实和网络参与，能做到在几个工作日给予回复，这个时间和之前相比是延长了还是缩短了？即使一些满意度评价，也要引入定量评价。

(2) 确保绩效评估信息来源准确

建立健全绩效评估的信息系统绩效评估的有效性在很大程度上取决于绩效信息的准确、可靠。因而必须要建立健全绩效评估的信息系统。建立评估信息的传递网络，使评估信息得到广泛使用。同时要充分利用电子计算机和现代通讯技术，实现评估信息系统的现代化、评估信息传递的网络化。

(4) 建立政府建设的长效机制

逐步建立政府建设的长效机制。主要包括决策、监督、问责和考评四个方面的机制。健全重大事件集体决策制度、专家咨询制度、调研制度。完善监督制度，扩大公众参与监督的渠道。建立责任追究制度，集体决策要分清个人责任。改进绩效考评制度，确立多重评价指标体系，建立社会性评价机制，吸纳专家学者、社会公众参与评议和考核。建立和完善激励约束机制，充分调动公务员的积极性。

(5) 健全政府官员的问责机制

英国阿克顿勋爵 (Lord Acton) 说过，权力导致腐败，绝对的权力导致绝对的腐败。孟德斯坞认为："一切有权力的人都容易滥用权力，这是万古不变的一条经验，有权力的人们使用权力一直到遇见界限的地方才休止。"[01] 由于缺乏制约制度，当官员权利与义务不对等时，这种不对等往往表现为有权无责或权大于责，没有责任势必就会导致权力的滥用，最终导致贪污腐败，所以应进一步的健全官员问责制度以有效遏止腐败现象产生。

01 ［法］孟德斯鸠．论法的精神（上册）[M].北京：商务印书馆，1961：154.

参考文献

1. 王巍. 公众回应性：服务行政的核心特征——服务型政府回应机制的流程与制度设计 [J]. 哈尔滨：行政论坛. 2004(9)：33—35.

2. [美] 格雷夫·斯塔林. 公共部门管理 [M]. 上海：上海译文出版社，2003：132.

3. 谷歌：政府回应会议 [EB/OL]，http：//www-old. nsa. gov. cn/gjjl/sxhy_ias_2000. htm

4. 曹现强，王佃利. 公共管理学概论 [M]. 北京：中国人民大学出版社，2005：20.

5. 方福前. 公共选择理论 [M]. 北京：中国人民大学出版社，2001：131.

6. 毛寿龙，李梅. 西方政府的治道变革 [M]. 北京：中国人民大学出版社，1998：16.

7. 俞可平. 全球治理引论 [J]. 马克思主义与现实，2002(1)：37.

8. 张康之. 限制政府规模的理念 [J]. 行政论坛，2000(4). 这篇文章中首次使用服务型政府一词，把它看作与统治型、管制型政府相对的一种行政模式.

9. 刘熙瑞. 服务型政府——经济全球化背景下中国政府改革的目标选择 [J]. 中国行政管理，2002(7)：53.

10. 刘祖云. 论"服务型政府"的根据、内涵和宗旨 [J]. 江汉论坛，2005(9)：23.

11. 李军鹏. 公共服务型政府 [M]. 北京：北京大学出版社，2004：30.

12. 李晓西. 明确公共产品的服务对象，避免公器私用 [J]. 建设公共服务型政府中国改革形势季度分析会部分专家发言摘要，中国海南改革发展研究员简报，总第 447 期.

13. 刘熙瑞. 服务型政府：经济全球化背景下中国行政改革的目标选择 [J]. 中国行政管理，2002(7)：33.

14. 吴双. 建设公共服务型政府问题综述，http：//www.ccmedu. com/index. aspx，2005-6-20.

15. 吴敬琏. 建设一个公开、透明和可问责的公共服务型政府 [J]. 领导决策信息，2003(25)：18.

16. 吴玉宗. 公共服务型政府：缘起和前景 [J]. 社会科学研究，2004(3)：56.

17. 侯玉兰. 论建设公共服务型政府：内涵及意义 [J]. 理论前沿，2003(23)：43.

18. 马庆钰. 公共服务的几个基本理论问题 [J]. 中共中央党校学报，2005(1)：22.

参考文献

19. 赵春丽. 公共服务型政府——政府职能转变的基本趋向 [J]. 行政论坛，2004(66)：39.

20. 中国行政管理学会课题组. 加快我国社会管理和公共服务改革的研究报告 [J]. 中国行政管理，2005(2).

21. 李军鹏. 公共服务型政府 [M]. 北京：北京大学出版社，2004：29—30.

22. 朱光磊. "规制—服务型"地方政府：定位、内涵与建设 [J]. 中国人民大学学报，2005(1)：14.

23. 谢庆奎. 服务型政府建设的基本途径：政府创新 [J]. 北京大学学报，2005(1)：21.

24. 迟福林. 论"公共服务型政府" [J]. 理论参考，2006(06).

25. 刘熙瑞. 服务型政府——经济全球化背景下中国政府改革的目标选择 [J]. 中国行政管理，2002(07).

26. [美]丹尼尔·贝尔. 意识形态的终结 [M]. 张国清译，江苏人民出版社，2001：227.

27. [美]弗罗姆. 健全的社会 [M]. 蒋重跃译，中国文联出版公司，1988：120.

28. [美]保罗·A. 萨缪尔森. 经济学 [M](12版). 北京：中国发展出版社，1992：1197.

29. 宋立. 政府事权、财权划分问题研究 [J]. 财政与税收，2005(8)：16.

30. [美]罗伯特·B. 登哈特，珍妮特·V. 登哈特. 新公共服务：服务而不是掌舵 [M]. 北京：中国人民大学出版社，2004：41.

服务型政府回应力研究

31. [美] 罗伯特·B. 登哈特，珍妮特·V. 登哈特. 新公共服务：服务而不是掌舵 [M]. 北京：中国人民大学出版社，2004：166.

32. 王巍. 论"政府回应"的内涵和主导模式转型 [J]. 重庆：探索，2005(1)：59.

33. [美] 罗伯特·B. 登哈特. 公共组织理论 [M]. 北京：中国人民大学出版社，2003：117.

34. [美] 珍妮特·V. 登哈特，罗伯特·B. 登哈特. 新公共服务：服务而不是掌舵 [M]. 北京：中国人民大学出版社，2004：130.

35. [美] 罗伯特·B. 登哈特. 公共组织理论 [M]. 北京：华夏出版社.

36. 刘伟忠. 论公共政策之公共利益实现的困境 [J]. 北京：中国行政管理，2007(8)：26.

37. [美] 彼得圣吉. 第五项修炼学习型组织的艺术与实务 [M]. 上海：上海三联书店，1998：14.

38. 戴维·伊颠顿. 转自张国庆. 现代公共政策导论. 北京大学出版社，2000：7.

39. 张成福. 责任政府论 [J]. 北京：中国人民大学学报，2000(2)：77.

40. [澳] 欧文 - E. 休斯. 公共管理导论 [M]. 北京：中国人民大学出版社，2001：264—268.

41. 姜晓萍. 政府流程再造的基础理论与现实意义 [J]. 中国行政管理，2006：5.

参考文献

42. 格罗弗·斯塔林. 公共部门管理 [M]. 上海译文出版社，2003：132.

43. 何祖坤. 关注政府回应 [J]. 中国行政管理，2000(7).

44. 俞可平. 治理与善治 [M]. 北京：社会科学文献出版社，2000：10.

45. [美] 诺内特·塞尔兹尼克. 转变中的法律与社会：迈向回应型法. 张志铭译，中国政法大学出版社，1994：18.

46. 谢庆奎. 政府学概论. 中国社会科学出版社，2005：93.

47. 李伟权.“互动决策”：政府公共决策回应机制建设 [J]. 探索，2002(3).

48. [美] 罗伯特·B. 登哈特. 公共组织理论 [M]. 项龙，刘俊生译. 北京：华夏出版社，2002.

49. [美] 戴维·H. 罗森布鲁姆，罗伯特·S. 克拉夫丘克. 公共行政：管理、政治和法律顾问的途径 [M]. 张成福等译. 北京：中国人民大学出版社，2002.

50. [美] 戴维·奥斯本，特德·盖布勒. 改革政府：企业精神如何改革着公营部门 [M]. 周敦仁等译. 上海：上海译文出版社，1996：119.

51. [美] 珍妮特·V. 登哈特、罗伯特·B. 登哈特. 新公共服务：服务，而不是掌舵 [M]. 丁煌译. 北京：中国人民大学出版社，2004.

52. 俞可平. 全球治理引论 [J]. 马克思主义与现实，2002(1).

53. 俞可平主编. 全球化：全球治理 [M]. 北京：社会科学文献出版社，2003.

54. 卢坤建．回应型政府：理论基础、内涵与特征学术研究 [J]. 2009(7).

55. [美] 罗伯特·B. 登哈特，珍姚特·V. 登哈特．新公共服务：服务而不是掌舵 [M]. 北京：中国人民人学出版社，2004：41.

56. 谭亦玲．浅析政府回应性及中国政府回应面临的挑战．兰州：社科纵横，2004(2)：37.

57. [美] 盖伊·彼得斯．政府未来的治理模式 [M]. 北京：人民大学出版社，2001：68.

58. [美] 文森特·奥斯特罗姆．美国公共行政思想危机 [M]. 上海三联书店，1999，6.

59. [澳] 欧文·休斯．公共管理导论 [M]. 北京：中国人民大学出版社，2001：111.

60. 李图强．现代公共行政中的公民参与 [M]. 北京：经济管理出版社，2004：126.

61. [美] 珍妮特·V. 登哈特，罗伯特·B. 登哈特．新公共服务—服务，而不是掌舵 [M]. 北京：中国人民大学出版社，2004：166.

62. 顾朝林著．城市化 [M]. 北京：科学出版社，2009：1.

63. http://www.csstoday.net/Item/9551.aspx

64. 郭书田、刘纯彬．失衡中国 [M]. 河北人民出版社，1990.

65. 高珮义．中外城市化比较研究(增订版)[M]. 天津：南开大学出版社，2004：408.

66. 陈功榕．新媒体时代公共话语权探析 [J]. 东南传播，

2012.：10.

67. 郭小安．网络民主的可能及限度 [M]. 中国社会科学出版社，2011：120.

68. 李玲，黄健荣．论当下公共治理中的网络话语表达 [J]. 探索，2010：4.

69. 王凯玲，李焕，刘国强．从网络媒介事件的生成探究网络公共话语空间的建构 [J]. 安徽文学，2011：6.

70. 李军鹏．公共服务型政府 [M]. 北京：北京大学出版社，2002：231.

70. 徐君宝，沈静薇．中心城区的两大经济功能 [J]. 改革与战略增刊，2005(20)：102.

71. 李传军．构建有中国特色的服务型政府模式 [J]. 公共行政，2005(8)，8.

72. 太原市迎泽区人民政府．政府工作报告 [R]. 太原，2007.

73. 叶海平，唐华英．论构建公共服务型政府的理论定位和改革趋势 [J]. 江西行政学院学报，2006(7)：95.

74. 山西省行政审批制度改革领导小组办公室．改革行政审批制度规范权力运行机制 [M]. 太原：山西人民出版社，2003.

75. 太原市迎泽区政务服务中心工作总结．2006.

76. 太原市迎泽区创优政务环境领导组．关于迎泽区贯彻落实"关于在太原市政务大厅开展行政效能活动、进一步创优政务环境的通知"的情况汇报 [R]. 太原市迎泽区，2006.9.6.

77. 太原市迎泽区政务服务中心业务办理流程规范．2007.

78. 太原市迎泽之窗网站．www. yingze. gov. cn，2006-05-17.

79. 太原市迎泽区政务服务中心业务办理流程规范 . 2007.

80. 太原市迎泽区网站 www. yingze. gov. cn，2007-06-10.

81. 太原市迎泽区政府工作报告 [R]. 太原：太原市迎泽区政府，2007.

82. 太原市迎泽之窗网站 www. yingze. gov. cn，2008-01-16.

83. 孔详利 . 大力提高政府的公共服务能力 [J]. 中国行政管理，2004(11)：40.

84. 太原市迎泽区"解忧愁"工作中心 ."我们为您解忧愁"服务热线 [J]. 太原工作，2007(1)：26.

85. 太原市迎泽区"解忧愁"工作中心 ."我们为您解忧愁"服务热线 [J]. 太原工作，2007(1)：29.

86. 我们为您解忧愁月报 [N]. 2006(9—10)：10.

87. 太原市迎泽区政府工作报告 [R]. 太原：太原市迎泽区政府，2007.

88. 郝晓军 . 关于城市中心区经济发展的思考 [J]. 中国城市经济太原建城 2500 年专辑，2003.

89. 太原市迎泽区统计局太原市迎泽区国民经济统计资料 . 2007. 3.

90. 太原市迎泽区人民政府 . 政府工作报告 [R]. 太原，2007. 4.

91. 太原市迎泽区政府郝小军，突出三个重点实施十大工程抓好四个保证全面加快"三区"建设步伐——在区委三届二次全体会议上的讲话 [R]. 太原，2007-01-23.

92. 太原市迎泽区人民政府 . 政府工作报告 [R]. 太原，

2007.4.

93. 太原市迎泽区人民政府. 政府工作报告 [R]. 太原，2007.5.

94. 太原市迎泽区人民政府. 政府工作报告 [R]. 太原，2008.4.

95. 朱光磊、薛立强. 服务型政府建设的六大关键问题. 南开大学学报 (哲学社会科学版)，2008(1).

96.(P)[美] 加里·万斯莱等. 公共行政与治理过程：转变美国的政治对话 [J]. 段钢译. 中国行政管理，2002(2).

97. 陈振明等：政策科学原理. [M]. 厦门人学出版社，1993：158、163.

98. 李伟权、曹琨：简论我国政府公共决策回应机制的实践与探索 [J]. 江西行政学院学报，2003：29—32.

99. 俞可平等. 中国公民社会的兴起与治理的变迁. 社会科学文献出版社，2002：190.

100. 朱怡蓝. 地方政府网站的建设与发展——以宝鸡市政府网站为例 [J]. 宝鸡社会科学，2010(3).

101. 太原市迎泽区政府网站，www. yingze. gov. cn，2006-05-17.

102. 岳璐."以民为本"的电子服务平台—以湖南省政府网站为例评析省级政府门户网站的建设 [J]. 前沿，2012(12).

103. 俞可平. 科学发展观与政府创新. 社会科学文献出版社，2009：18—19.

104. 顾杰：论影响我国行政效率的深层因素 [J]. 行政人事管

理，2002.(2)：第 18—21.

105. 范柏乃. 政府绩效评估理论与实务 [M]. 北京：人民出版社，2005：21—23.

106. 姜晓萍. 政府流程再造的基础理论与现实意义 [J]. 中国行政管理：2006(5).

107. 蔡定剑. 公众参与：欧洲的制度和经验 [M]. 法律出版社，2009：112.

108. 俞可平. 中国政府创新蓝皮书：科学发展观与政府创新 [M]. 社会科学文献出版社，2009：32.

109. 邓正来. 国家与社会：中国市民社会研究 [M]. 成都：四川人民出版社，1997：73.

110. 中国共产党十五次全国代表大会报告，http：//www. cctv. com/special/777/1/51883. html

111. http：//cpc. peple. com. cn/GB/104019/104099/6429414. html；

112. 沈荣华. 提高政府公共服务能力的思路选择 [J]. 中国行政管理，2004(1).

113. [美] 戴维·H. 罗森布鲁姆等. 公共行政学：管理、政治和法律的途径 [M]. 北京：中国人民大学出版社，2002.

114. 王巍. 论政府回应的内涵和主导模式转型 [J]. 探索，2006.

115. 何祖坤. 关注政府回应 [J]. 中国行政管理，2000.

116. [法] 孟德斯鸠. 论法的精神（上册)[M]. 北京：商务印书馆，1961：154.

后　记

　　本书是我主持的山西省高等学校哲学社会科学研究项目阶段性的研究成果。服务型政府的探索在不断地发展，党的十七大报告第一次把服务型政府写入报告，提出加快行政管理体制改革，建设服务型政府。而**如何建设职能科学、结构优化、廉洁高效、人民满意的服务型政府**，党的十八大报告中做出进一步的回答，报告中提出要按照建立中国特色社会主义行政体制目标，深入推进政企分开、政资分开、政事分开、政社分开，建设职能科学、结构优化、廉洁高效、人民满意的服务型政府。在这一目标实现的过程中，政府回应能力的提升是必不可少的重要保障。

　　现阶段，我国各级政府为了提升自身回应能力，采取了许多措施，如政府上网工程的开展、政务信息的公开等，并取得了一些明显的成效。在今年的两会工作报告中，再次关注民生问题，推进民主化进程，这说明我国正处在民主型政府和服务型政府的建设进程之中，提升政府的回应能力也是时代发展的要求。可以认为，一个不能有效回应公众需求的政府最终将会被公众所抛弃。只有建设一个有效回应公众需求的政府，社会主义的民主进程才会取得进步，社会主义和谐社会的宏伟目标

服务型政府回应力研究

才会得以实现。而中心城区是一个城市的名片，是城市资金流、信息流、物流、人流高度密集的地方，是城市形象标志性的地区。在城市的建设和发展中，区级政府在整个政治体制中扮演着承上启下的角色，在启动地方经济和促进地方社会的良性发展中扮演着重要的角色。中心城区占有十分重要的地位，发挥着巨大的作用。因此，使我对这一问题产生了思索，并进行了调研和研究。

多年来，有很多的专家学者、政府官员和同学朋友曾经鼓励和帮助过我，在此表示感谢。感谢本书责任编辑的辛勤工作，感谢中央编译出版社。感谢父母一直以来给我的无微不至的支持、关爱和帮助！

附　录

我们为您解忧愁　月报

2012 年 2 月　总第 57 期

目　录

五、新闻视点

今年我市将重点发放个人"小土地证"

我市新增 17 处"电子眼"

太原市四类人群办公交 IC 卡可以免费乘车

"12345"政府便民热线并入数字化城乡管理指挥中心

六、法律咨询

公正过的遗嘱还可以改吗

"自愿"协议违反劳动法是否有效

七、政策解读

国家发改委有关负责人就出台《幼儿园收费管理暂行办法》

进行解答

八、政策指南

太原市住房公积金提取业务指南

九、数码时代

破解五大电脑升级误区

十、职场与健康

上班族如何化解身心疲劳

十一、交流园地

城市管理创新浙江样本

十二、礼仪之邦

先入为主之第一印象

一、办理情况

"我们为您解忧愁"服务中心二〇一二年一、二月来电、邮件受理情况（2012．1．1—2．29）

◆"解忧愁"服务热线、区委社情民意通道共接听、办理来电119件（次），其中行政求决类51件（次），占来电总数的42.86%；行政咨询类10件（次），占来电总数的8.40%；生活咨询类6件（次），占来电总数的5.04%；其它类48件（次），占来电总数的40.34%。

在行政求决类问题中，投诉仍主要集中在城建城管方面，为48件（次），占行政求决类问题总数的94.12%。其中马路市场、供暖用暖、垃圾问题投诉较多，分别为20件（次）、6件（次）和5件（次）。

在行政咨询类问题中，最多的是精神文明建设和社会事业发展方面的咨询，为9件（次）。其中以计生工作、民政工作为主，各为2件（次）。

在生活咨询类问题中，最多的是电话号码咨询，共3件。其次是地理方位咨询，为2件（次）。

在其它类问题中，上级通知27件（次）；下级上报事项8件（次）。

服务型政府回应力研究

◆迎泽区城乡管理指挥中心接收、办理市数字城市管理指挥中心交办案卷 9961 个；"12319" 城管热线接听、办理来电 1137 个；"12345" 便民热线接听、办理来电 165 个。

◆省委、市委社情民意通道转办件 6 个。

◆收集、办理群众互联网留言 10 个。

◆区委、区政府总值班室（区应急办）接听、办理来电 61 个，处置突发事件 18 个。

"我们为您解忧愁" 服务中心二〇一二年一、二月来电案卷特点分析 （2012. 1. 1—2. 29）

一、投诉类来电主要集中在城市管理方面

1. 马路市场问题仍位居市民投诉焦点之首。主要集中在迎泽大街广场以东一带、五一广场必胜客及人行天桥上、建设路朝阳街口、解放路大南门十字路口。

2. 供暖用暖问题仍是投诉焦点。主要集中在桥东街小区 K 区及 L 区、朝阳街水峪小区及松庄南小区、百合美地小区、老军营街办小区。

3. 小区垃圾清运不及时、污水臭水等市容环卫类问题也较突出，主要集中在满洲坟小区、东岗路全路段、铁路宿舍等。

二、咨询类来电中行政咨询占多数

1. 行政咨询类来电占行政类问题总数的 16.39%。集中在计生工作、社会保障工作、民政工作等方面。

附　录

2. 生活咨询类来电主要集中在电话号码咨询、地理方位等方面。

三、互联网留言关注城市建设

"社情民意通道"、"对书记、省长说"、"区长信箱"、"在线咨询"等互联网留言和媒体曝光除环境卫生、占道经营等方面建议和投诉外，供暖用暖方面的投诉较为突出。

四、数字城管工作

1、2 月份共受理市城乡管理指挥中心交办案卷 9961 件，结案率为 100%，按期结案率为 99.6%，返工率为 3.8%。

二、案例精选

行政求决类

环境脏乱差　街办来督促

基本情况：

2 月 16 日，市民来电反映：桃园南路东一巷，环境脏乱差，请相关部门核实处理。

办理情况：

老军营街道办事处工作人员立即到达现场核实，并于第一时间通知祥融物业公司立即安排工作人员将此处垃圾彻底清理，要求其必须加强此处的管理和保洁。

反思与启示：

我们应健全街办监督管理制度，从源头上杜绝问题的发生，为市民营造健康、清新的生活环境。

网民投诉收购站　部门联动除隐患

基本情况：

1 月 10 日，网民在太原新闻网留言反映：起凤街铁路住宅小区内，西院西北角有一废品收购站，经营者随意堆放废品，且用明火焚烧垃圾，对环境造成严重污染。

办理情况：

经区委常委、区委办公室主任秦琦批示，柳巷街道办事处和公安迎泽分局工作人员立即到达现场核实，该废品收购站有收购的相关手续，对于其明火焚烧垃圾的情况，执法人员已要求其注意消防安全，严禁明火焚烧垃圾物品，保证周边的环境整洁。

反思与启示：

网络信息时代，我们要加强快速反应机制，加强联动，从"等百姓反映"向"找出问题帮百姓解决"转变。

违法报亭阻碍交通　限期拆除还道于民

基本情况：

1 月 16 日，网民在太原新闻网留言反映：迎泽区柳巷茂业南侧人行道设了一个报亭，使本不宽的商业街人行道路更加狭窄。

办理情况：

附　录

经区委常委、区委办公室主任秦琦批示，柳巷街道办事处和规划迎泽分局安排工作人员现场核实，该报亭属山西晚报发行处违法设置的轮式移动报亭，在执法人员下达限期拆除通知并做通思想工作后，该报亭于 5 日后搬离现场。

反思与启示：

日常监督与检查，是发现问题、及时处理、降低曝光率、提高满意率的根本。

关注百姓健康　查处无证饭店

基本情况：

1 月 5 日，韩先生通过 12345 网上留言反映：开化寺南街 8 号金地国际公馆小区内，物业公司个人私自开设小饭店。

办理情况：

区食药监分局立即赶赴现场进行了了解，该饭店营业时间为每天 11：30 到 13：00，调查得知饭店无营业执照、卫生许可证，从业人员无健康证，存在极大的隐患，对此，食药监分局执法人员立刻进行说服教育并下达监督意见书责令其停止营业。

反思与启示：

摸清底数，疏堵结合，避免反弹。

服务型政府回应力研究

行政咨询类

计生工作咨询——如何办理独生子女证

1 月 14 日，一位女士来电询问：如何办理独生子女证？经查询后告知，办理独生子女证程序是：1. 到女方户口所在地街道办事处领取独生子女登记表（一式四份）和独生子女本；2. 登记表上夫妻双方单位盖章，独生子女证上女方单位盖章，并贴女方照片一张；3. 开具采取长效节育证明（医院）；4. 持登记表和独生子女证，采取长效节育的证明到女方所在地街道办事处办理。

社会保障咨询——私营企业如何给员工办理保险

2 月 7 日，一位私营企业老板来电咨询：如何给员工办理保险？经询问区社保中心得知，办理职工保险需携带营业执照、技术监督编码证、银行开户证明和法人身份证的原件及复印件，去位于五一东街 99 号的社保大厅 6、7 号窗口办理，联系电话是 4074142。

公安工作咨询——集体户口可落至经济适用房

2 月 17 日，网民留言咨询：可否将其爱人的集体户口落至新买的经济适用房？咨询柳巷派出所户籍科后网上答复：可以将户口落至该房屋，持房产证到该房屋所在地派出所，由社区民警审核后即可办理。

附　录

生活咨询类

其它生活咨询——驾照到期如何更换

1月6日，一位先生来电询问：南内环街武警总队属于哪个社区，驾照到期更换需要带些什么材料？经查询后告知：属于南内环社区，更换驾照需本人携带身份证、驾照和健康证明到任一交警队办理即可。

铁路时刻咨询——列车时刻信息　中心详细查询

2月9日，一位先生来电询问，从太原到晋城有几趟列车。中心工作人员查询后告知，共有四趟：分别为2673次，7：17发车于中午13：02到达；2501次，9：43出发于下午16：55到达；K903次，11：42发车于晚上19：01到达；1551次，19：10发车于次日凌晨2：47到达。

公交线路咨询——如何乘公车　热线告诉您

2月19日，一位女士来电询问，从建南汽车站到大南门应如何乘车？中心工作人员告知，可在建南汽车站乘坐808路，在大南门站下车即到。

三、他山之石

长三角欲建"数字城市群"促城市可持续发展

"数字城市建设是现代城市发展的一个重要特征,城市群已成为区域协同发展的必然结果。可持续的城市群发展建构,需要通过数字、信息、网络技术的广泛运用作为支撑,长三角城市群应发展为数字城市群。"新近在常熟召开的"第二届长三角地区城乡规划研讨会"上,上海市城市规划行业协会、上海市城市设计研究院的专家提出,当前长三角地区仍面临一体化的发展困境,主要体现在区域城市的发展定位、分工还不够合理,交通、能源、通信等重大基础设施还未得到最优化的配套和衔接,产业水平、服务功能还有待进一步加强等方面。

据介绍,传统城市群的发展模式为:便捷、高速的交通网络基础设施加上顺畅的信息网络基础设施,而数字城市群则是以"数字城市"为基础,在更大区域范围内,以网络形式有序延伸、拓展,再将数字城市的概念逐步放大到整个城市群。

通过数字、信息和网络技术的广泛应用,最大程度将城市社会、经济、人口、资源、环境等要素数字化、网络化、智能化和可视化,以建立起公共信息平台,并用以提供决策支持。

专家认为,世博会已为长三角城市群融合发展为"数字城市群"提供了借鉴。世博会展现了各种先进的城市发展理念,倡导以数字技术、信息技术、网络技术引领未来生活,如"城

附　录

市光网"、"网上世博"等各种技术的应用和产品的推广，就充分展现了数字技术的进步和城市的创新发展。

专家称，跨区域信息网络是数字城市群的"高速公路"，因此要继续优化区域内各个城市现有的网络结构，在立足现有的地理信息系统、遥感、全球定位系统、海量数据处理、三维可视化、办公自动化、数据仓库、宽带网等技术基础上，同时加快推进"三网融合"，即新一代移动通信、下一代互联网、地面数字电视网，提高网络资源综合利用和信息交互能力，以保障数字城市的建设。

长三角城市群是"世界第六大城市群"。最新统计数据显示，长三角城市群以全国 7.5% 的人口、全国 1.1% 的土地面积，创造了全国 16.5% 的 GDP，集聚效应日益显现。

济南园林绿化废弃物生态处理项目试运营

随着济南市园林绿化废弃物生态处理及循环利用项目的启动，过去修剪、脱落或死亡树木枝条的绿色垃圾也能"变废为宝"了。

绿色垃圾是怎么处理掉的

对于绿色垃圾传统的处理方式不外乎两个：填埋和焚烧。这些传统处理方式不仅占用土地、污染环境，对资源也是一种巨大的浪费，而且，长期下去会破坏园林种植土壤的生态平衡，导致土壤肥力逐渐下降。如今，一种环保、节约的新型生态处理方式有望取代传统的处理方式。济南市园林绿化废弃物处理站顺利投入试运行。据介绍，首期预计年处理枝条 27000 立方米，可产绿色堆肥产品 2000 立方米 (4 万袋)。产品主要包括：绿地覆盖物、生物有机肥、植物营养栽培基质、土壤改良剂四大类。与传统化肥、精制有机肥相比，具有提升土壤肥力、增强抗旱保水能力、改善植物生长状况、促进植物越冬保温、降低养护成本、减少污染、美化环境、实现废弃物的可持续利用等优势。

项目推广面临高成本难题

尽管前景十分看好，但济南市园林科学研究所所长张保全坦言，目前这一项目是一个新生事物，面临的困难也很多，"一袋堆肥产品成本是 30 多元，价格高是影响它推广的最大障碍"。

运输成本也是制约这一项目的重要因素。正常的枝条一车拉不了多少，因此，合理建设收集渠道，征集固定收集点是下一步的重要措施。"条件成熟的话，可以订协议，送来多少车废弃物，我们就返还多少基质，或采取现修剪、现清运、现处理的办法，想法降低成本。"济南市园林绿化局副局长吕剑平表示，"今后，济南市绿化监管的考核标准要将其作为一项硬性指标进行监督和考核"。

四、应急专题

乍暖还寒　雾气迷蒙

★专家提示★

雾天有害气体多，灰尘低，气压较平时有所下降。人体一旦吸入过多有害物质，易引发各种呼吸道传染疾病；体虚的老年人也可能因此旧病复发。

大雾天气下，老年人不宜晨练，如果要坚持晨练，也不应过早出门，上午十点之后，阳光普照时才是锻炼的最佳时机。此外，大雾天气出行，短时间行走并无大碍，但最好戴上口罩，也不宜在这样的天气里深呼吸。

饮食预防：

雾天应多喝水，保证呼吸道的湿润，饮食宜清淡，有呼吸系统疾病的人，可吃一些滋润类补品以增强免疫力。

大雾

大雾是指大量微小水滴浮游空中，水平能见度小于 1000 米的天气现象，大雾（或浓雾）是比较常见的灾害性天气之一，它具有出现几率高、发生范围广、危害程度大的特点。

应急要点：

各种大雾预警信号含义及防御指引

	信号含义	防御指引
大雾黄色预警信号	12小时内可能出现能见度小于500米的浓雾，或者已经出现能见度小于500米、大于或等于200米的浓雾，且可能持续。	1.驾驭人员注意浓雾变化，小心驾驶；2.机场、高速公路、轮渡码头注意交通安全。
大雾橙色预警信号	6小时内可能出现能见度小于200米的浓雾，或已经出现能见度小于200米、大于或等于50米的浓雾，且可能持续。	1.浓雾使空气质量明显降低，居民需适当防护；2.由于能见度较低，驾驶人员应控制速度，确保安全；3.机场、高速公路、轮渡码头采取措施，保障交通安全。
大雾红色预警信号	2小时内可能出现能见度低于50米的强浓雾，或者已经出现能见度低于50米的强浓雾且可能持续。	1.受强浓雾影响地区的机场暂停飞机起降，高速公路和轮渡码头暂时封闭或者停航；2.各类机动交通工具采取有效措施保障安全。

事件回放：

2007年3月10日凌晨，广州出现大雾，一出口大型货船与一进口集装箱船在珠江口莲花山西航道相撞，进口集装箱船翻沉，43个集装箱散落漂浮在水面，船上8名船员全部落水，所幸并未造成人员伤亡。

五、新闻视点

今年我市将重点发放个人"小土地证"

今年，太原将推进市区城镇个人土地分割登记发证工作，六城区全年要完成本辖区内具备分割登记发证条件 40% 以上住宅小区的分割登记。

个人土地分割登记后将领到《城镇居民个人住房土地使用证》，俗称"小土地证"，这个证是居民每套楼房在一宗地内相应分摊的土地面积领取的国有土地使用证。该证的登记范围包括：全市城区所有依法使用国有土地的住房用地，也就是依法领取了《国有土地使用证》的住宅用地，包括已购公有住房（房改房）、经适房、城镇商品房、集资房等。所有拿到房屋所有权证和分割转让许可证的产权所有人，都应该到国土部门申领城镇住房用地登记证。

太原将在 5 月初全面开展农村集体土地登记发证工作，今年底以前，农村集体土地所有权登记发证率要达到 100%，集体建设用地使用权、宅基地使用权登记发证达到 60%。同时，结合农村集体土地所有权确权登记发证情况，太原将在今年年底前完成全部新发证所有权宗地统一代码的编制，以及已经发证所有权宗地新旧编码的转换工作，实现农村集体土地所有权宗地统一代码全覆盖。

我市新增 17 处"电子眼"

2 月 15 日，市交警支队将新投入使用的第九批 17 处"固定式交通技术监控设备"设置地点向社会公布。据了解，这 17 处"固定式交通技术监控设备"已安装、调试完毕，并于 2 月 23 日起投入使用，可抓拍闯信号灯、超速、压双黄线行驶、随意变更车道等交通违法行为。

太原市四类人群办公交 IC 卡可以免费乘车

从太原公交 IC 卡中心了解到，除了成人卡跟学生卡外，还有一类 IC 卡统称为"免费乘车卡"。目前，有四类人可办理免费乘车卡，分别是老年人、残疾军人、肢体残疾人、两参人员。享受免费乘车的人群办卡时，须准备好相关证件。老年人乘车卡办理群体为太原市 70 周岁以上的老年群体，办理时，须持有本人老年证、身份证、户口簿等证件；残疾军人乘车卡办理群体为太原户口的残疾军人，办理时携带本人残疾军人证、身份证等证件；肢体残疾人乘车卡办理群体为残联认定的二级肢体残疾人员，由残联提供办卡人员信息，公交公司将卡做好后，残联统一发放；两参人员办理群体则为持有太原市常住户口、享受生活补贴的，参加核试验和 1954 年以后参战的退役人员，办理时需携带本人身份证、两参人员优待证等证件。

免费乘车卡办理时间为全年早 7：30—晚 7：00，办理地点均在公交 IC 卡乘客接待中心（体育馆公交停车场内）。

"12345"政府便民热线并入数字化城乡管理指挥中心

2月6日起，"12345"政府便民热线开始接入市数字化城乡管理指挥中心。

在整合前，政府便民热线所受理的电话中，有20%需要接转到数字化城乡管理指挥中心进行处理。并入后，一接到市民电话，该中心就可以通过分布在全市的798名信息采集员第一时间发现、第一速度处置、第一现场督查，迅速为市民解决问题。

两路热线合并后，数字化城乡管理指挥中心每日受理电话量由以往的500多个骤增至5000多个，其中六成电话是咨询类，涉及教育、低保、物价等方面，剩余为投诉或建议。目前，指挥中心正加紧对工作人员进行法律法规等相关知识的培训，下一步将完善考核机制，加大考核力度，更好地为群众提供服务。

六、法律咨询

公正过的遗嘱　还可以改吗

问：爷爷今年 70 多岁了，5 年前立下遗嘱：由大伯一家负责照顾他的生活，等他将来离开人世则由大伯继承遗产。这份遗嘱还经过了当地公正机关的公正。但是，爷爷去年大病一场，需要长期卧床，大伯一家开始嫌弃爷爷。我爸爸想把爷爷接到城里跟我们住，爷爷也表示同意，同时爷爷还想把遗嘱改成由我爸爸继承遗产。请问，公证过的遗嘱可以改吗？

答：根据《继承法》第二十二条规定：遗嘱人可以撤销、变更自己所立的遗嘱。立有数份遗嘱，内容相抵触的，以最后的遗嘱为准。根据上述规定，尽管公正遗嘱是经法律程序而成立的，但只要立遗嘱人还健在且具有民事行为能力，就有权对遗嘱进行更改或撤销。

"自愿"协议违反劳动法是否有效

问：朔州市一市民与企业签订一份"自愿"协议，其中第二条规定："缴纳养老保险费以员工给企业带来收益时起进行缴纳。"后来，他听说这条规定违反了劳动法中的从用工之日起缴纳养老保险费的规定。现在，他想起诉，法律依据是什么？企业是否必须予以缴纳？

答：任何形式的合同或者协议都不得违反国家强制性法律法规，根据我国《合同法》第五十二条款之规定，凡是违反法律、行政法规的强制性规定的合同和协议为无效合同。如果前述"自愿协议"第二条确实违反了劳动法有关规定，则该协议显然应该是无效的。同时，用人单位为劳动者缴纳养老保险是其法定的义务，任何形式的合同或者协议都无法排除这一义务，故该企业应当为员工缴纳养老保险。

七、政策解读

国家发改委有关负责人就出台《幼儿园收费管理暂行办法》进行解答

1月5日，国家发改委、教育部、财政部联合印发《幼儿园收费管理暂行办法》。就此，国家发展改革委有关负责人对一些基本问题进行解答。

问：出台《幼儿园收费管理暂行办法》的背景？

答：近年来，在各级政府和有关部门的重视和支持下，幼儿园教育得到了较快发展，特别是民办幼儿园教育发展迅速，一定程度上缓解了幼儿教育资源供需的矛盾。同时，各有关部门加强了对幼儿园收费的监管，规范了幼儿园的收费行为。但总体看，幼儿教育基础还较薄弱，幼儿"入园难、入园贵"问题在一些地方比较突出，群众反映比较强烈。一些地方的幼儿园设立名目繁多的收费项目，擅自提高收费标准；一些幼儿园以赞助费、捐资助学费、建校费、教育成本补偿费等名义收取与入园挂钩的费用；一些幼儿园以开设象棋班、围棋班、珠算班、舞蹈班、绘画班等各种兴趣班为名义，在规定的收费项目外变相强制向家长收取费用。解决"入园难、入园贵"问题，一方面，需要明确政府责任，增加资源供应。按照《国务院关于当前发展学前教育的若干意见》要求，下一步将加大政府投入，新建、改建、扩建一批安全、适用的幼儿园；通过保证合理用地、减免税费等方式，支持社会力量办园。另一方面，要针对幼儿园收费方面存在的突出问题，依法进行规范，切实减轻群众经济负担。在这种情况下，三部委出台《幼儿园收费管理暂行办法》，对规范幼儿园收费行为，保障受教育者和幼儿园的合法权益有重要作用。

问：《幼儿园收费管理暂行办法》的主要内容是什么？

答：本着"统一规范，公开透明"的原则，一是明确将幼儿园对入园幼儿的收费统一为保育教育费、住宿费；幼儿园为在园幼儿教育、生活提供方便而代收代管的费用，应遵循"家长自愿，据实收取，及时结算，定期公布"的原则；幼儿园应按月或按学期收取保育教育费，幼儿园对因故退（转）园的幼儿应根据实际情况退还一定预收费用等。二是提出了幼儿园收费审批的原则、程序、收费标准制定成本列支范围等要求。三是要求幼儿园通过设立公示栏、公示牌、公示墙等形式，向社会公示收费项目、收费标准等相关内容；招生

附　录

简章要写明幼儿园性质、办园条件、收费项目和收费标准等内容。四是规定了幼儿园的禁止行为，严禁幼儿园以任何名义向入园幼儿家长收取赞助费、捐资助学费、建校费、教育成本补偿费等与入园挂钩的费用，严禁以开办实验班、特色班、兴趣班、课后培训班和亲子班等特色教育为名向家长另行收取费用。

问：国家将采取哪些措施保证幼儿园收费政策落实？

答：主要有四个方面措施：一是要求各地制定实施细则，细化落实各项政策。二是加强对幼儿园收费监督检查，将幼儿园收费作为全国治理教育乱收费和每年开展的全国教育收费专项检查重点内容之一，督促幼儿园依法经营，建立健全收费管理制度，自觉执行国家制定的幼儿园教育收费政策。三是加强对幼儿园收费许可证年审，对违反规定的，将不再核发收费许可证。四是加强社会监督和依法查处乱收费行为。各级价格主管部门进一步畅通"12358"举报电话，及时受理群众的投诉举报，对违反国家教育收费法律、法规、政策和《幼儿园收费管理暂行办法》规定的行为，将依据《中华人民共和国价格法》、《价格违法行为行政处罚规定》等法律法规以及有关规定严肃查处。

问：政府对经济困难家庭的幼儿接受学前教育有何特殊收费政策？

答：《幼儿园收费管理暂行办法》规定，对家庭经济困难的幼儿、孤儿和残疾幼儿，幼儿园应酌情减免收取保育教育费，具体减免办法由省级教育、价格和财政部门制定。

八、政策解读

太原市住房公积金提取业务指南

一、应填写的表格及应提供的材料

（一）办理提取时应提供的表格

《太原市住房公积金提取申请书》、《太原市住房公积金提取清册》（两人及两人以上提取时使用），填写准确完整，加盖预留印鉴。

（二）办理提取时应提供的个人身份证明（原件及 A4 纸复印件）

1. 职工本人办理提取的，提供本人身份证；

2. 提取配偶公积金的，提供配偶身份证、婚姻关系证明（结婚证、同户籍户口簿、民政部门出具的夫妻关系证明，提供任一种均可）；

3. 委托住房公积金专管员办理的，提供专管员证或专管员身份证。

附　录

（三）根据不同的提取种类应提取的证明材料（原件及 A4 纸复印件）

序号	提取种类	证明材料	备　注
1	购买商品房	已办理《房屋所有权证》的：1.《房屋所有权证》；2.首付20%以上的购房发票（或收据）。	《房屋所有权证》发证日期距申请提取日期必须在12个月内。
		未办理《房屋所有权证》的：1.网签的《商品房买卖合同》；2.经当地房产管理部门出具的备案证明（网签的《商品房买卖合同》签定日期距申请提取日期超过12个月时提供）；3.首付20%以上的购房发票（或收据）。	1.网签的《商品房买卖合同》签定日期距申请提取日期必须在12个月之内。2.备案证明包括加盖当地房产管理部门章的《房屋预告登记证明》或者加盖当地房产管理部门章的网上备案证明；3.备案日期距申请提取日期必须在12个月之内。
2	购买公有住房（以房改价或以经济适用房价购买公有住房）	已办理的《房屋所有权证》的：1.《房屋所有权证》；2.购房发票（或者收据）。	《房屋所有权证》的发证日期距申请提取日期必须在12个月之内。
		未办理《房屋所有权证》的：1.房改部门出具的公房出售审批表、花名表；2.购房发票（或收据）。	审批表的审批日期距申请提取日期必须在12个月之内。
3	购买二手房	1.所购房屋过户后的《房屋所有权证》；2.存量房买卖合同；3.契税发票。	《房屋所有权证》发证日期距申请提取日期必须在12个月之内。

序号	提取种类	证明材料	备　注
4	购买本单位集资房	1.《基建计划》；2.《国有土地使用证》；3.《建设工程规划许可证》；4.《建设工程施工许可证》；5.购房合同（或者购房协议）；6.购房发票（或收据）。	购房合同（或者购房协议）的签定日期距申请提取日期必须在12个月之内。
5	建造、翻建自住住房	在国有土地上建造、翻建的：1.《房屋所有权证》；2.区、县级以上规划、建设管理部门出具的《建设工程规划许可证》；3.建造、翻建自住住房产生费用的收据。	《建设工程规划许可证》的发证日期距申请提取日期必须在12个月之内。
		在集体土地上建造、翻建的：1.《集体土地使用证》（宅基地使用证）；2.乡镇人民政府或者其土地、建设管理部门出具的《建设工程规划许可证》；3.与房屋座落所在地一致的职工（或者配偶）户籍证明；4.建造、翻建自住住房产生费用的收据；	
6	大修自有住房	1.区、县级以上房管、建设管理部门出具的房屋质量检测报告；2.《房屋所有权证》或者《集体土地使用证》（宅基地使用证）；3.大修自住住房产生费用的收据。	质量检测报告的出具日期距申请提取日期必须在12个月之内。

附　录

序号	提取种类	证明材料	备　注
7	离、退休	离、退休证（或者经人事、劳动保障部门审批的离、退休审批表或者单位出具的达到法定退休年龄的证明。）。	法定退休年龄：男60周岁，女工人50周岁，女干部55周岁。
8	完全丧失劳动能力，并与单位终止或解除劳动关系	1.伤残证或者区、县级以上劳动鉴定委员会出具的劳动能力伤残等级鉴定证明（1-4级）；2.与单位终止或者解除劳动关系的证明；3.单位工资停发证明。	
9	到国外或港、澳、台地区定居	1.原户籍所在地公安部门出具的户籍注销证明；2.单位工资停发证明。	
10	调离本行政区域	1.人事调动商调函（或者（1）与现单位签订的劳动合同；（2）与原单位终止或者解除劳动关系的证明；（3）职工调入城市公积金中心出具的该职工住房公积金开户证明）。2.单位工资停发证明。	
11	偿还购房贷款本息	1.借款合同；2.按期偿还住房贷款凭证。	距申请日期前12个月内的还款凭证。
12	房租超出家庭工资收入的15%	1.承租职工夫妻双方的收入证明；2.单位出具的无房证明；3.房屋租赁合同；4.当年支付房租的租赁专用发票；5.婚姻关系证明（结婚证或者同一户籍的户口簿）。	婚姻关系证明（结婚证或者同户籍的户口簿）（职工本人或者配偶提取均需提供）。

服务型政府回应力研究

序号	提取种类	证明材料	备注
13	非本市户口，并与单位终止或者解除劳动关系	1.户口簿；2.与单位终止或者解除劳动关系的证明；3.单位工资停发证明。	
14	与单位终止或解除劳动关系，住房公积金封存满3年仍未重新就业	1.与单位终止或者解除劳动关系的证明；2.单位工资停发证明；3.人事档案管理机构（或者职工居住地所在社区）出具的未重新就业的证明。	
15	职工死亡或者被宣告死亡	1.死亡证明（以下证明有其一均可：居民医学死亡证明书、公安部门出具的非正常死亡证明、法院宣告死亡判决、因死亡注销户口的证明）；2.继承证明（以下证明有其一均可：单位出具的继承证明（或受遗赠证明）、公证部门出具的继承权（受遗赠权）公证书）；3.继承人有效居民身份证。	1.对该继承权或者受遗赠权发生争议的，提供人民法院作出的判决书、裁定书或者调解书；2.只限继承人办理。
16	享受城镇最低生活保障	1.经相关部门审验的当地《城市居民最低生活保障待遇审批表》；2.职工居住地所在社区出具的未重新就业的证明（或单位工资收入证明）。	《城市居民最低生活保障待遇审批表》的审验日期距申请提取日期必须在12个月内。

附　录

序号	提取种类	证明材料	备　注
17	患有重大疾病，造成家庭生活严重困难	1. 区、县级以上医院出具的诊断建议书；2. 药费支出清单（距申请提取日前12个月的清单）；3. 户口簿（或者户籍所在地公安部门证明）（与患者同一户籍的配偶、父母或者子女提取时需提供）；4. 职工居住地所在社区出具的家庭生活困难证明。	1. 重大疾病有：恶性肿瘤、急性心肌梗塞、脑中风后遗症、重大器官移植术或造血干细胞移植术、冠状动脉搭桥术（或称冠状动脉旁路移植术）、终末期肾病（或称慢性肾功能衰竭尿毒症期）、多个肢体缺失、急性或亚急性重症肝炎、良性脑肿瘤、慢性肝功能衰竭失代偿期、脑炎后遗症或脑膜炎后遗症、深度昏迷、双耳失聪、双目失明、瘫痪、心脏瓣膜手术、严重阿尔茨海默病、严重脑损伤、严重帕金森病、严重III度烧伤、严重原发性肺动脉高压、严重运动神经元病、语言能力丧失、重型再生障碍性贫血、主动脉手术及其他经太原住房公积金管理委员会认定的重大疾病。2. 距申请提取日前12个月的药费支出清单。

服务型政府回应力研究

序号	提取种类	证明材料	备　注
18	因见义勇为造成人身伤害	相关部门颁发的见义勇为证书。	
19	单位发生撤销、解散、破产情形，无欠缴住房公积金行为的；或者有欠缴住房公积金行为并由清算组织进行清算，按规定补缴住房公积金的。	1.单位撤销、解散、破产文件； 2.单位提取住房公积金证明（原件）； 3.职工提取住房公积金花名表（原件）。	限于单位整体一次性办理。

二、提示

1. 身份证件丢失或者过期的，提供户籍派出所出具的身份证明（需有照片并盖章）；

2. 符合上表第 1-6、11-12、16-18 项规定提取种类的，最高可提取至提取额度截止时间个人账户内存储余额百元以上；

符合上表第 7—10、13—15、19 项规定提取种类的，职工个人账户应当处于封存状态。可一次性提取个人账户内的存储余额本息，并注销个人账户。

三、受理时间

正常工作日。

四、办理流程

职工向单位申请→单位专管员核实并填写提取表格加盖预留印鉴→职工（或者单位专管员）向市住房公积金管理中心分理处提出申请→市住房公积金管理中心分理处审核→通知申请人→申请人到受托银行办理提取或者转账手续→完毕。

九、数码时代

破解电脑五大升级误区

"升级电脑硬件可谓小菜一碟，不过做每件事都有正确的方法和错的方法之别。下面是我们汇总的大多数用户经常栽跟头的五种升级误区，希望能够帮你少走弯路，顺利完工。"

内存升级

新手们在升级内存时所犯的第一大错误就是，一开始买来的内存类型不正确。购买电脑部件已越来越成为自己就能搞定的差事，很少会注意防止人们选错部件的防范措施。所以要花

服务型政府回应力研究

点时间来弄清楚你的系统到底使用哪一种内存条，包括总线速度（单位是 MHZ）。

经验丰富的用户在内存升级时所犯的最严重错误是，忘了检查电脑的最大内存量。有些系统、尤其是上网本和超薄型电脑（和许多 Mac 机）只能接受一定容量的内存。所以，尽管当地的电子商店销售可以插入到你电脑上的 4GB 内存条，但你买回家后却发现，买来才两年的笔记本电脑只接受 2GB 内存条。这里的忠告很简单：在购买之前，先阅读内存制造商的说明文档。

处理器升级

你在摆弄处理器时，小心别去碰处理器的针脚。

一些后果最严重的升级错误总是与处理器有关，这不足为奇。因为处理器基本上是电脑的核心部件；在处理器安装过程中稍有不慎，就会面临麻烦。

假设你买来了适合你机器的升级版处理器，还是要避免困扰处理器升级的三个极为常见的错误：针脚没有对齐、散热膏没有涂好以及散热器安装不当。

硬盘升级

硬盘是仅次于内存的最容易升级的电脑部件之一。这个过程最困难的环节常常是让螺丝起子够得着所有螺丝。那是由于许多电脑机箱从一边打开，或者里面有框架部件，很难进入到硬盘笼。千万不要图方便，只在更容易够得着的一边给硬盘旋上螺丝。单边旋上螺丝的硬盘在托架里面可能会有点晃动，引起讨厌的震动，这可能导致电脑发出不该有的噪音，还可能缩短硬盘的使用寿命。

连经验丰富的电脑组装人员也会犯的另一个常见错误是，使用类型错误的螺丝来装硬盘。

别忽视电源

我们升级电脑时，系统的整体功耗几乎从来不会因此而降低。所以，在升级几个重要的部件后，系统的电源需求很可能超出电脑自带电源的供电能力。对于将旧显卡升级到使用双电源连接线的更新型、功耗更大的显卡用户来说，更是如此。电源是电脑升级方面最易被忽视的部件之一。

如果你对系统进行了几处升级，就要花点时间来评估目前的电源是否处理得了它添加的工作负载。升级到更合适的电源能让你的系统运行起来更快速、更稳定。

布线井然有序

我知道其中原因：也许你很忙，或者你不关心系统部件的美观问题，只想尽快完成升级，以便系统启动后可以玩一些游戏。但是任由电脑的内部线缆在机箱当中如蜘蛛网般垂挂着，这是个错误。

良好的散热对于电脑的稳定性和性能来说非常重要；如果你给系统添加了耗电量更大（因而散热量更大）的部件，更是如此。要是你任由机箱里面到处是凌乱的线缆，因而阻碍了空气在机箱中央的流动，就会影响系统风扇和散热器的性能。井然有序地布线有助于促进空气在机箱里面的流动和电脑散热。

如果你瞧一瞧像 Velocity Micro 或 Maingear 这些高性能电脑制造商的非常出色的电脑内部结构，就会发现线缆巧妙地藏起来，几乎看不见：将线布在机箱壁后面，布在主板下面，沿机箱角落走，最后由细小的扎线带扎起来，显得整齐划一。

说到电脑机箱有更通畅的空气流动和漂亮整齐的外观，你没必要像专业人员那样研究。只要买来一小包扎线带，用扎线带把线缆集中扎起来，显得井有序，以便机箱中央留出尽可能打的开阔空间。然后拿一把小小的剪钳，剪断扎线带的两头。

十、职场与健康

上班族如何化解身心疲劳

上班族感到疲劳不是什么新鲜事，有的喊体力透支，有的喊心理疲劳，总之就是浑身上下"疲软"。实际上，疲劳可能是多种疾病尤其是体内存在慢性疾病的重要信息，不可小视。造成疲劳的原因比较复杂，缓解的方式也不能一概而论，下面来分析一下上班族的身心疲劳。

体力疲劳造成透支

人过分劳累时，血液中二氧化碳和乳酸会增多，导致四肢乏力、肌肉酸疼，严重的过度疲劳、体力透支甚至会导致猝死。

附　录

废寝忘食、不注意睡眠和休息，都会过度疲劳导致健康受损。

心理疲劳是健康大敌

现在很多人的累是"心累"。心理疲劳是过度使用心理能力而使其功能降低，或长期单调重复作业而产生单调厌倦感。心理疲劳常会通过一些身体疲劳的症状表现出来。

精神疲劳像噩梦

精神疲劳是现代社会疲劳综合症中最为复杂的。精神负担重是疲劳产生的一个重要原因，尤其是中年人。他们在工作、人际关系和家庭等方面，总是处于一种思考、焦虑、烦闷的状态，这恐怕是精神皮劳的直接原因。

消除体力疲劳的最佳方法是睡眠。在睡眠时，全身物质代谢降低，神经细胞可借机吸收各种营养物质，为苏醒后神经活动准备充足的能量。一场高质量的睡眠可使人迅速消除疲劳。临睡前洗个热水澡或用温水泡泡脚，会使疲劳消除的很快。

心理疲劳是由社会竞争激烈、工作紧张、各种压力导致的。对于心理上的疲劳，可以通过各种富于强烈情绪体验的活动来充实业余生活。例如：看电影、读书、聊天或参加一些健康有益的娱乐活动等。开怀大笑也是一个立竿见影的方法，能帮助人发泄自己的负面情绪。

精神疲劳最具明显的表现为睡眠质量差，如失眠、做噩梦等。很多人用安眠药对付精神疲劳引起的睡眠问题，但这不是根本解决办法。有睡眠问题的人，每天应增加 1 个小时的睡眠，并找出最适合自己的固定睡眠时间。

■ **消除精神疲劳的有效方法：**

1. 首先应讲究心理卫生、加强品德修养，自己的心胸要开阔，以减少心理疲劳的发生。一旦出现，应及时宣泄自己的不良情绪，不要闷在心里，比如找知心朋友谈谈心。

2. 进餐时间规律化。有规律地进餐，可以使身体经常处于正常的新陈代谢状态。

3. 多锻炼。身体健康的人可以进行一些体育活动，譬如慢跑、骑自行车、游泳、散步等。锻炼可以使人工作起来更自信，碰到困难时更加从容不迫。黄昏时活动活动身体还可以使你更快地进入梦乡。

4. 多睡觉。精神疲劳的一个重要原因是睡眠不足。有这种情况的人每天应当多增加一个小时的睡眠。每个人的睡眠需要是不同的，应该找出最适合于自己的固定睡眠时间。

5. 把握精力高峰期。有些人上午生气勃勃，有些人晚间精力充沛，找出自己的精力高峰期极为重要，这样可以恰当地安排好自己的作息时间。

■ **提高用脑效率远离脑力疲劳**

白领一族很受人们的羡慕，但是脑力疲劳也在深深地困扰着他们。脑力疲劳主要表现为头昏脑胀、食欲不振、记忆力下降、注意力不集中等。消除脑力疲劳的最好方法是适当参加一些体育活动，如打球、做操、散步等。但活动强度不宜过大，时间不宜过长。大脑可以在运动中得到放松，消除疲劳。

学生也是深受脑力疲劳困扰的人群。专家说，孩子的脑力劳动一定要和适当的有氧运动相结合，比如：跳绳、快走、爬楼梯等。简单易行，效果也好。

■ 病理疲劳关键在于治好疾病

某些人产生疲劳感时并没有消耗多少体力，也不见得有多大的心理压力，有一种心力体力皆不足的虚弱感。若是这样，那就有可能是因为人体内的某些"机器"发生故障，产生代谢与分泌紊乱、失调，导致精力体力不济。

有些人是已经疾病在身，身体虚弱易疲劳，那么就应该积极治疗并康复，同时注意适当休息；有些人虽未发现局部器官病痛症状，却经常出现疲劳的话，就有可能是病症即将出现的先兆，需到医院认真检查。

十一、交流园地

城市管理创新浙江样本　来源：浙江在线

【编者按】城市管理是我们党执政面临的重大挑战之一。近年来，浙江省的城市管理部门着力转变不适应科学发展的思想观念，创新工作理念，创新工作思路，创新管理手段，创新工作机制，进一步探索城市管理社会化路子，使浙江省城市管理水平快速提升，走在全国前列，为当地经济和社会发展作出了重要贡献。为此，选取浙江省城市管理创新工作做得好、城市管理水平比较高的城管典型，以进一步提高我市城市管理水平。

服务型政府回应力研究

【柔性执法，要让公众看得见】

城市管理创新样本：湖州市城市管理行政执法局

样本特色：说理式执法

样本介绍人：湖州市城市管理行政执法局党委书记、局长莫雨民

说到创新城市管理，近年来，我们湖州市城市管理行政执法局努力提高管理执法水平，坚持做好继承和创新的文章，亮点不少。特别是推行说理式行政执法，坚持管理与服务并重、处置与疏导结合，把教育说理与行政处罚结合起来，使得城管水平逐年提高，党委、政府和公众对城管执法工作的认可度越来越高，满意率逐年提升。

全程说理，行政执法温情化

这里说一个真实的例子。某广告公司在苕溪路上违法设置广告，按照相关法律条款，湖州市执法局责令当事人自行拆除该违法广告，并作出罚款 3000 元的行政处罚，当事人若逾期未缴纳，将每日按罚款数额的百分之三加处罚款。但当了解到广告公司年底资金回笼困难、需支付员工工资等情况之后，我局同意当事人在自觉履行了拆除义务的前提下延期缴纳罚款，并免去了对其的加处罚款处罚。"无情法律有情操作"，这是我局推行说理式执法后形象的写照。

我局对原有的行政处罚决定书予以修订完善，增强行政处罚决定书的说理性和人性化成分，并着重从准确表述案件的事实、详细列举案件的证据、如实载明执法的程序、讲准法律适

用的理由、讲明处罚裁量的情理、交代清楚履行的方式、明确告知救济的途径共七个方面加以规范。

多路推进，营造和谐执法环境

为了让更多的群众了解城市管理相关的法律知识，我局通过"执法宣传五进"活动，即"进企业、进机关、进社区、进学校、进网络"等多种渠道，加大普法宣传力度。另一方面，积极开展群众参与我们城市管理执法体验活动。比如，我们联合了湖州师范学院，创建起总人数达1040人的湖州市城市管理校园义工队，让千名大学生与执法队员一起参与城市管理工作的全过程。每年组织"城管一日"实践活动，向社会各个层面招募志愿者，在执法队员的带领下走上街面参与城市管理实践活动。

多方监督，行政执法走向阳光

主动接受社会监督，让说理执法从内部说理走向面对社会公众说理。我局大力推行"阳光执法"，综合运用网上公开、墙上公开、书面公开、窗口公开等多种方式，将本部门的执法信息公之于众。

多措并举，创新完善城市管理

近年来，除了说理性执法，我局在城市管理上还有多种创新：充分利用网格化平台，统筹协调提效率；大力建设"数字城管"，有些工作已走在全省前列；抓好审核监督，提高办案实效；坚持执法为民理念，狠抓服务提升形象等。

服务型政府回应力研究

【给城市管理服"长效剂"】
城市管理创新样本：长兴县城市管理行政执法局
样本特色：规范有序、长效常态
样本介绍人：长兴县城市管理行政执法局局长吴厚明

2011 年以来，我们从长兴城市管理实际出发，突出工作重点，探索工作载体，创新工作方法，优化服务举措，建立城管长效机制。我们"五管"齐下，打开了城市管理新局面：

强化市容市貌秩序管理

我局按照"堵疏结合、规范有序、长效常态"的工作思路，实现三个转变：管理形态上的转变。将城区 53 条大小街道实行了分类管理，划分为一类（严格管理街）、二类（规范管理街）、三类（提升管理街），根据分类不同，制定不同的管理标准。管理模式上的转变。按照精细化管理的要求，我们把整个城区以金陵路为界，分为三大片、六大块。三大片分别由三个中队进行管理，六大块由六名局班子成员分别包干一块，实行一包到底、一管到底。管理方法措施上的转变。实行常规管理和不定期整治相结合，对乱摆乱放摊位，根据其类别，合理划分，有序安排，严格摊位占道审批手续，及时查处无证占道摊点和违章占道现象，特别是对工程车辆，实行严格管理。

强化规划执法管理

针对长兴城市建设和社会发展快、拆迁地块多、违法建设较多的现状，我局自加压力，创新方法，主动有为，做到"四个到位"，即执法人员到位，思想工作到位，法律程序到位，协

附 录

调配合到位。派城管执法队员同 13 个城中村进行定点挂钩，实行承包责任制；确定了"堵源头、控过程、露头打"的方针。建立巡查发现和联络机制，建立信息联络机制，建立责任机制。明确城管大队规划中队为第一责任主体，大队长、中队长为规划管理的主要责任人，分管副局长为规划管理的分管责任人，要求做到"谁主管谁负责，谁分管谁负责"；加大规划执法和拆违的力度。

强化队伍建设、队伍作风管理

我们按照"务实、高效、公正、廉洁、有为"的队伍建设要求，既抓干部建设、提升班子凝聚力、又抓队伍建设，提升城管形象力。

强化便民举措和城管服务工作

我们以"民生、有情、服务"为理念创新举措，不断优化服务：做好便民服务工作；做好城管服务，妥善解决各种投诉和矛盾，建立健全完善办理机制，建立信访、投诉件处理例会制度；开展城管"四进活动"，即进家门、进村门、进墙门（施工场地）、进店门。通过共管共建的形式，建立全方位、多层次、网格式的城市管理体系。

强化城管执法宣传

积极依托各种宣传平台，大力宣传城市管理的法律法规、内容标准，切实获得广大群众对城管执法工作的理解和支持；加大曝光力度，不定期对违反市容秩序等违章行为进行曝光；开展主题教育活动，使市民对城管工作的支持和参与的积极性有了明显提高。

有个成语叫"赏心悦目"，一个人的得体打扮不仅会让别人眼前一亮，有个美好的视觉享受，而且会在别人心里引发关于这个人的品味和内涵思考，继而留下深刻的印象。虽然我们应该更加重视内在，但是没有人可以否认外在的重要性，尤其是第一次见面的对象，第一眼印象是否良好，决定了你是一脚迈向了成功，还是迈向了失败。

十二、礼仪之邦

先入为主之第一印象

所谓第一印象，是两个人初次见面，在彼此眼中留下的最初印象，也就是第一次见到一个人的第一分钟在心里涌现的直观感觉，这种最初的评价与判断。

因人的相貌、衣着、神情等外在印象会引发第一印象效应，从而作出判断，这种判断具有一定的表面性和片面性，但是这种印象一旦形成，便很难改变。

第一印象效应包括定型效应、优先效应和晕轮效应。

1. 定型效应

莎士比亚说过："女人，你的名字是弱者。"不光是莎士比亚，几乎所有人都认为女人是弱者，而男人是强者，一旦男女双方发生争执，那么即使男人再有道理，男人也是理亏，因为这是强者在欺负弱者。这只是人们习惯性的思维，其实随着社会的进步和发展，男人和女人虽然因为身体结构而无法完全平等，但是在个人能力和心态智慧方面已经逐渐走到了一个平行线，谁强谁弱只有看清事物才知道，并不能因为性别而草率定义。

2. 优先效应

一个给人第一印象是好人的人一旦做了坏事，别人都会认为他一定是有原因有苦衷，或者是因为他一时犯错，别人都很自然地愿意给他一个改过自新的机会；但是一个人给人第一印象是坏人的人就算做了好事，别人都会表示怀疑，认为这个人是否是虚伪的表演，是否是黄鼠狼给鸡拜年，不安好心。这就是第一印象的优先效应。

3. 晕轮效应

晕轮效应，又称为泛化效应。说的是对一个人的判断，常常会以某一方面的突出品质，掩盖了其他方面的行为。人的第一印象非常主观，常常先入为主。如果你在最初给对方一种认同感，那么，你对他行为的理解总是偏向于你所称赞和信任的方向。因此，他给你的要求或是建议，总是要容易得到你的积极反响。反之，你会对他所做的一切持反对、怀疑的态度。

案例速递

小陶顺利地通过了面试，她笑言自己能够过关斩将全靠自己面试时的衣着帮了大忙。

现代社会人才济济，即使招聘一个职位，也有上百人竞争，小陶觉得自己就是那么平凡的一个，但是无论如何都应该全力以赴。

面试那天，向来喜欢休闲打扮的小陶刻意挑选了一套浅灰色的西服套裙，然后再充满孩子气的脸上架了一副平光眼镜，举止大方，给人一种沉稳可信得感觉。小陶还注意到了细节，为自己挑了一枚雅致的胸针做点缀，使自己成稳干练的印象之中又添了几分生动活泼。

果然，当小陶走进面试房间，她立即观察到主考官投来欣赏的笑容，她知道自己给他们留下了很好的第一印象。

在接下来的谈话中，小陶非常注意自己的言行举止，加深了在主考官眼中的良好印象。就这样，普通的小陶成为了那个胜利的佼佼者。

图书在版编目（CIP）数据

服务型政府回应力研究／原丁著. —北京：中央
编译出版社，2013.6
ISBN 978－7－5117－1658－3

Ⅰ．①服…

Ⅱ．①原…

Ⅲ．①国家行政机关－行政管理－研究－太原市

Ⅳ．①D625.251

中国版本图书馆 CIP 数据核字（2013）第 110042 号

服务型政府回应力研究

出 版 人	刘明清
出版统筹	谭　洁
责任编辑	董　巍
责任印制	尹　珺
出版发行	中央编译出版社
地　　址	北京西城区车公庄大街乙 5 号鸿儒大厦 B 座（100044）
电　　话	（010）52612345（总编室）　（010）52612363（编辑室）
	（010）66161011（团购部）　（010）52612332（网络销售）
	（010）52612316（发行部）　（010）66509618（读者服务部）
网　　址	www.cctphome.com
经　　销	全国新华书店
印　　刷	北京瑞哲印刷厂
开　　本	880 毫米×1230 毫米　1/32
字　　数	120 千字
印　　张	7.625
版　　次	2013 年 6 月第 1 版第 1 次印刷
定　　价	39.00 元

本社常年法律顾问：北京市吴栾赵阎律师事务所律师　闫军　梁勤
凡有印装质量问题,本社负责调换,电话：010－66509618